知的障害教育を拓く
自立活動の指導

－12の事例から学ぶ「個別の指導計画」の作成と指導の展開－

監修 渡邊 健治・岩井 雄一

編集 中西 郁・丹羽 登・大井 靖・蓮香 美園・日高 浩一

　知的障害教育においては、「養護・訓練」も自立活動も長いあいだ中心的な課題になることはありませんでした。それにはいくつかの理由が考えられます。1971（昭和46）年に「養護・訓練」が導入された時期、他の障害種では指導の対象が明確でしたが、知的障害教育では指導の経験もなく、手探りの状態からの出発となりました。当時の知的障害教育においては、生活単元学習や作業学習などの指導法の確立に重点が置かれ、「養護・訓練」を領域として独自に実施するには至りませんでした。1979（昭和54年）年に養護学校の義務制が実施された時期には、全国的に重度の障害の児童生徒の指導をどのようにすべきか探究することが求められ、「養護・訓練」にまではいきわたりませんでした。1998（平成10）年の学習指導要領の改訂で「養護・訓練」が「自立活動」に改められましたが、知的障害教育における受け止めはあまり変わりませんでした。2007（平成19）年に特殊教育から特別支援教育に改められ、インクルーシブ教育の推進が全国的な課題となっているものの、なかなか将来が見通せない状況にあります。このように、知的障害教育を取り巻く事態がめまぐるしく動いてきたことも自立活動に取り組めなかった理由としてあげられるでしょう。しかし知的障害教育の状況は、ようやく、落ち着きを取り戻し、教育実践に目を向ける環境が整いつつあるように思われます。

　2017（平成29）年3月改訂の小学校・中学校学習指導要領において、特別支援学級、通級による指導に対しても特別の教育課程を編成する場合については、自立活動を取り入れることや自立活動の内容を参考とし、指導を行うことを求めています。ましてや、知的障害特別支援学校において自立活動の指導を充実させることが期待されていることは明らかでしょう。しかし、知的障害教育において自立活動の指導を充実させていくためには、課題が多いことも確かです。これまで、知的障害特別支援学校において、自立活動の指導を学校をあげての研究テーマにすることや自立活動の指導の教育実践の蓄積が少なかったことなどが改善点としてあげられるでしょう。今、まさに、自立活動の指導を充実させていくための好機が到来したと言えるのではないでしょうか。

　知的障害教育において自立活動の指導を充実させていくためには、学校全体で

体制整備を図り、個別の指導計画の作成の下、どのように教育実践を展開させていくべきなのか、その道しるべが必要なのではないでしょうか。そのような考えの下、著書の出版を計画しました。この『知的障害教育を拓く自立活動の指導』の出版を意図してより、研究会を組織し、約2年間をかけて毎月、自立活動の指導の事例を中心に検討してまいりました。特別支援学校の小・中学部を中心に「自立活動の時間における指導」、「各教科における自立活動の指導」、「各教科等を合わせた指導」における自立活動の指導、そして特別支援学校高等部、特別支援学級、通級による指導の「自立活動の時間における指導」の事例をとりあげました。本書を参考に、知的障害教育において、全国的な自立活動の指導の実践が高まることを期待いたします。

渡邉 健治（東京学芸大学名誉教授）

目　次

第1章

知的障害教育における自立活動

第1節　特別支援教育と自立活動

1　特別支援学校の目的と教育目標

　我が国では年齢や学習の修得状況等に応じて、学校教育法第1条にある幼稚園、小学校、中学校、義務教育学校、高等学校、中等教育学校、特別支援学校、大学及び高等専門学校（いわゆる1条校）で教育を受けることができます。しかし、例えば4歳の幼児が小学校に入学することはできませんし、小学校や特別支援学校小学部、義務教育学校前期課程を修了していないと中学校や特別支援学校中学部等には原則入学することはできません。

　同様に特別支援学校で教育を受けることができる子どもについても、学校教育法施行令で定められており、同令第22条の3の表に示されている障害の程度（表1）の子どもを教育の対象としています。すなわち、特別支援学校は、このような障害の状態の子どもが在籍することを前提としています。

表1　視覚障害者等の障害の程度（学校教育法施行令第22条の3）

区　　分	障　害　の　程　度
視覚障害者	両眼の視力がおおむね〇・三未満のもの又は視力以外の視機能障害が高度のもののうち、拡大鏡等の使用によつても通常の文字、図形等の視覚による認識が不可能又は著しく困難な程度のもの
聴覚障害者	両耳の聴力レベルがおおむね六〇デシベル以上のもののうち、補聴器等の使用によつても通常の話声を解することが不可能又は著しく困難な程度のもの
知的障害者	一　知的発達の遅滞があり、他人との意思疎通が困難で日常生活を営むのに頻繁に援助を必要とする程度のもの 二　知的発達の遅滞の程度が前号に掲げる程度に達しないもののうち、社会生活への適応が著しく困難なもの
肢体不自由者	一　肢体不自由の状態が補装具の使用によつても歩行、筆記等日常生活における基本的な動作が不可能又は困難な程度のもの 二　肢体不自由の状態が前号に掲げる程度に達しないもののうち、常時の医学的観察指導を必要とする程度のもの
病弱者 （身体虚弱者を含む）	一　慢性の呼吸器疾患、腎臓疾患及び神経疾患、悪性新生物その他の疾患の状態が継続して医療又は生活規制を必要とする程度のもの 二　身体虚弱の状態が継続して生活規制を必要とする程度のもの

　平成19（2007）年4月に改正された学校教育法が施行され、特別支援教育が本格的に開始されました。これにより従来の盲・聾・養護学校は、複数の障害に対応可能な特別支援学校になるとともに、特別支援学校の目的として、①小・中学校等に準ずる教育を施すこと、②障害による学習上又は生活上の困難を克服し自立を図るために必要な知識技能を授けること、が明記されました（同法第72条）。

　特に②は小・中学校等にない、特別支援学校だけに設けられた目的であり、主として自立活動の指導を通して行われるものです。

　平成29（2017）年に公示された特別支援学校小学部・中学部学習指導要領では、これらの目的の実現を目指すため、教育目標として小学校及び中学校の目標の達成と「児童及び生徒の障害による学習上又は生活上の困難を改善・克服し自立を図るために必要な知識，技能，態度及び習慣を養う」ように努めることを求めています。このように教育目標では、「困難を克服」するだけでなく「困難を改善・克服」することが、「必要な知識技能を授ける」だけでなく「必要な知識，技能，態度及び習慣を養う」ことが求められており、克服ができない児童生徒や、知識技能の習得が難しい児童生徒にも対応できるように、より児童生徒の実態等に応じたものとなっています。このように自立活動の目標としては、克服だけでなく改善についても、また知識技能だけでなく態度や習慣についても養うことが求められていることに留意する必要があります。

　なお、学習指導要領で、「目標の達成に努める」こととされているのは、児童生徒に目標の達成を義務づけてはいませんが、指導に当たる教師には児童生徒が目標を達成できるように教育する必要があることを示しています。

2　小・中学校等の通常の学級及び特別支援学級での指導

　学校教育法第81条第1項では、小・中学校等においても発達障害等の障害のある子どもに対し、「障害による学習上又は生活上の困難を克服するための教育」を行うことを求めています。この条文では、特別支援学級だけでなく通常の学級においても、困難を克服するための教育を行うことを求めていることに留意する必要があります。学校教育法では小学校の目的や中学校の目的が示されていますが、その中には障害のある子どもに関することは示されていません。しかし、学校教育法第81条第1項では、小・中学校等においても障害のある児童生徒等への教育を行うことが示されていますので、小・中学校等の通常の学級においても、児童生徒等の障害の状態や特性、学習環境等に応じて教育を行っていく必要があ

ります。

　このような教育を実効的かつ効果的に行うため、平成20年3月に改訂された小・中学校の学習指導要領では「障害のある児童（生徒）などについては，特別支援学校等の助言又は援助を活用しつつ，・・・個々の児童（生徒）の障害の状態等に応じた指導内容や指導方法の工夫を計画的，組織的に行うこと。」が示されており、平成29年4月に改訂された小・中学校の学習指導要領においても同様の記述が示されていますので、必要に応じて特別支援学校の助言や援助を活用することも検討していただきたいと思います。

　しかし、個々の児童生徒等の障害の実態等に応じた教育を行う上で重要となる自立活動は、小・中学校等の学習指導要領等には設けられていないため、通常の学級で自立活動を実施することはできません。そのため特別支援学校から得た助言や援助については、特別活動や総合的な学習の時間、外国語活動、道徳科、各教科の各指導場面で活用していくことになります。それらの指導場面で、一人一人の児童生徒の実態等に即した具体的な指導内容を決定する際に、自立活動の内容や具体的な指導内容の決定に至るプロセスなどを参考にするのは有効な方法の一つです。

　特別支援学級での指導に当たっては、小学校学習指導要領及び中学校学習指導要領において、「特別支援学級において実施する特別の教育課程については，次のとおり編成するものとする。」とあり、特別な教育課程を編成する場合には（各教科の一部又は全部を該当学年より下の学年の各教科等に替える場合など）、「特別支援学校小学部・中学部学習指導要領第7章に示す自立活動を取り入れること。」が求められています。そのため特別支援学級では、一人一人の児童生徒の実態等を的確に把握し、個別の指導計画を作成・活用するとともに、特別な教育課程を編成する場合には、個別の指導計画の中で自立活動の目標や内容を定めて、適切に指導を展開していく必要があります。

　また、通級による指導を行うに当たっては、特別支援学級と同様に小学校学習指導要領及び中学校学習指導要領において、「特別支援学校小学部・中学部学習指導要領第7章に示す自立活動の内容を参考とし、具体的な目標や内容を定め、指導を行うものとする。」とあり、特別支援学級とは異なる規定になっています。これは特別支援学級では同じ学校で連続的継続的に指導が行われますが、通級による指導は、自校通級だけでなく他校通級や巡回による指導があるとともに、月1単位時間だけの指導から週8単位時間の指導まで児童生徒により指導する時間が異なる、通常の学級で指導を受ける時間の方が長いなど多様な指導形態がとら

れており、特別支援学校の学習指導要領の第7章に示されている自立活動をそのまま行うことが難しいからです。また、通級による指導では、多くの時間を通常の学級で指導を受けながら、一部、障害の状態等に応じた特別な指導を別の場（通級指導教室等）で受ける指導形態のことであり、そこでは障害による学習上又は生活上の困難を改善・克服するための指導が行われます。これらの指導は、特別支援学校では主として自立活動として行われますので、通級による指導を行う際は、「自立活動の内容を参考」にして具体的な目標や内容を決めてから指導を行う必要があります。

　このように、特別支援学級での指導や通級による指導を行う際にも、自立活動を行うことが求められていますので、特別支援学級の担任や通級による指導の担当者には、今まで以上に特別支援教育に関する専門性が求められることになります。

3　困難を改善・克服し、心身の調和的発達の基盤を培う

　大学の講義で学生に「疾患と障害の違い」について質問しますと、「疾患は治るもの、障害は治らないもの」という回答が返ってきます。しかし、疾患や病気と障害については、人によっても捉え方が異なりますし、質問の仕方や話をする際の状況等によっても回答が異なります。

　例えば、「自閉症は疾患ですか」と聞きますと、「医療では精神疾患に含まれるので疾患」と答える学生もいますし、「治らないから疾患ではない」と答える学生もいます。そこで「治療方法がない難病や進行性疾患は疾患ではないのですか」「事故による運動機能障害はリハビリでは完治や改善はしないのですか」「医師から胃腸障害ですと言われるのは、どのような状態の時ですか」と聞きますと、返答に困るようです。

　様々な実態や状況がありますので、「疾患や病気は治る」「障害は治らない」という固定したイメージで捉えるのは適切ではありません。医療機関とは異なり、機能障害を治すことは教育機関が目指すことではありません。特別支援教育は、「治る」「治らない」に関係なく、児童生徒が困っていることを改善・克服できるようにするために適切な指導と必要な支援を行うものです。

　特別支援学校で行われる自立活動の目標は、「個々の児童又は生徒が自立を目指し、障害による学習上又は生活上の困難を主体的に改善・克服するために必要な知識、技能、態度及び習慣を養い、もって心身の調和的発達の基盤を培う。」ことにあります。すなわち自立活動により、①障害による困難を改善・克服する

ことを求めるとともに、②心身の調和的発達の基盤を培うことも求めているのです。個々の子どもの実態等を踏まえて具体的に自立活動の指導内容を検討する際に、②は重要な視点となります。

　このことは知的障害のある児童生徒（以下、「知的障害児」という）の自立活動を考える際に重要なことです。知的機能障害の改善・克服ではなく、知的機能障害による困難を改善・克服するとともに、学習や体験等を生かしながら心身の調和的発達の基盤を育てていく必要があります。

　「教育支援資料」（文部科学省：平成25年）では「知的障害とは、知的機能の発達に明らかな遅れと、適応行動の困難性を伴う状態が、発達期に起こるものをいう。」とあります。このことから知的障害児の自立活動についても、知的機能と適応機能の両方から考えて行く必要があります。両方の機能が関与する学習上又は生活上の困難としては例えば図1のようなものが考えられます。

　また、適応行動上の困難さについては特別支援学校学習指導要領解説では図2のように、①概念的スキルの困難性、②社会的スキルの困難性、③実用的スキルの困難性、の3つに分類されて示されています。概念的スキルを把握するためには、例えば、特定のパターンの言葉に興味関心を示すなどの特徴的な言語習得と使用が見られるか、理解言語と表出言語とが大きく異なっているかということなどがあります。社会的スキルを把握するためには、例えば視線を合わすことができるか、簡単な決まりが理解できるかということなどがあります。実用的スキルを把握するためには、例えば一人で衣服を着脱することができるか、一人で公共交通機関を使って目的地まで行くことができるか、危険を察知し回避ができるかということなどがあります。この3つのスキルの獲得状況を把握した上で、

知的機能と適応機能の両方が関与

■ **ことばによる意思伝達やことばの理解**
　（理解力や表現力、意思の表出手段等）
■ **コミュニケーション力**
■ **記憶量（一度に覚えられる量）**
■ **覚えたことを思い出す**
■ **複雑な漢字**
■ **身辺自立（着替え等に時間がかかる）**
■ **新しい場や状況への適応　等々**

図1　知的障害児の学習上又は生活上の困難

適応行動の面では、次のような困難さが生じやすい。

（特別支援学校学習指導要領解説より）

○**概念的スキルの困難性**
　言語発達：言語理解、言語表出能力など
　学習技能：読字、書字、計算、推論など

○**社会的スキルの困難性**
　対人スキル：友達関係など
　社会的行動：社会的ルールの理解、集団行動など

○**実用的スキルの困難性**
　日常生活習慣行動：食事、排泄、衣服の着脱、清潔行動など
　ライフスキル：買い物、乗り物の利用、公共機関の利用など
　運動機能：協調運動、運動動作技能、持久力など

図2　適応行動上の困難さ

それらの困難を改善・克服することを目指して、具体的な指導内容を設定するのも重要なことです。

　障害者基本法では障害者とは「障害及び社会的障壁により継続的に日常生活又は社会生活に相当な制限を受ける状態にあるものをいう」と定義し、機能障害＋社会的障壁の両面から見る必要性が示されています。これは WHO（世界保健機関）や障害者の権利に関する条約における障害の捉え方を踏まえたものです。このような障害の捉え方は自立活動を考える上で重要になるため、特別支援学校学習指導要領解説（自立活動編）において、WHO における ICF（国際生活機能分類）の考え方が紹介されています。

　ICF では、生活機能（健康や障害を含む）は、健康状態（機能障害を含む）だけで捉えるのではなく、健康状態と背景因子（環境因子と個人因子）との相互作用として捉えることを求めています。これは例えば、不器用なため意図した通りに手を動かすことが困難な場合、手を動かすという機能だけに着目して取り組むのではなく、改善したいという意欲や日常生活の経験といった個人因子、扱い易いハサミやスプーンなどの補助具の使用といった環境因子も考慮し、子どもが自発的意欲的に取り組めるものにするという視点も重要だということです。このようなことから自立活動では、この環境因子や個人因子も適宜活用しながら、効果的な指導を行うことが求められているのです。

　自立活動では、障害による学習上又は生活上の困難を改善・克服することを目指していますので、その中には機能障害を改善する取り組みも含まれますが、機能障害を改善することだけを目指しているのではありません。また、学校の教育では、子どもの持てる力を最大限まで伸ばすことを求めています。その際に鉛筆やノート、教科書等の筆記用具や教材・教具を適宜使用して学習の効果を高めるようにしています。自立活動においても同様に、様々な手段やツールを適宜活用することで学習を効果的に進めたり社会性を広げたりするのも重要なことです。例えば、視力が低下した（近視）子どもが視力を回復するために遠くのものを見る取り組みだけをすることはあり得ません。必要に応じて眼鏡やコンタクトを活用して学習を進めることの方が多いです。また、自閉症の子どもが急な予定変更があっても落ち着いて取り組めるようにすることも重要ですが、スケジュール帳を活用して予定変更が分かるようにする又は絵カードや文字カード等を活用して予定変更が分かるようにする方が、多くの場合、子どもにとって安心して取り組むことができるでしょう。

4 疾患名と法令等における障害名

　学校では健康診断や健康教育などの際に校医の検診や指導・助言を受けながら進めますが、特に障害のある子どもへの指導に当たっては医師や看護師等と連携・協力するのは重要なことです。

　自立活動の指導は、学校という教育機関で実施されるものですが、学校だけでなく医療機関と連携・協力しながら進めなければならないこともあります。例えば、てんかん発作のある子ども、心臓疾患のあるダウン症の子ども、統合失調症等の精神疾患のある子どもなどの中には、医療機関との連携・協力が必要な場合があります。また最近は、知的障害の特別支援学校でも自閉症やADHD等の発達障害の診断を受けている子どもが多くなり、医師等の医療関係者や、児童発達支援センター等の療育機関から「障害特性に応じた配慮をしてほしい」「特性を踏まえて絵やカードによる指示にしてほしい」等の要望が学校に届けられることがあります。「療育」という用語は元々は肢体不自由の子どもの治療と教育を行うことを意味していましたが、最近は障害のある子ども（又は可能性のある子ども）の、個々の発達の状態や障害特性等に応じて、困っていることの解決、自立と社会参加を目指した支援をするという働きかけの総称として用いられるようになり、自立活動と関連する点は多くなっています。

　しかし、医療関係者と話をしていると、例えば、「スペクトラム」「寛解」「内旋と外旋」などの専門用語が使用されることがあり、その中には、同じ用語であっても専門機関によって意味が微妙に異なることがあるので注意する必要があります。また、療育機関からは、個別指導を前提とした取り組みを強く求められることもあります。しかし学校教育では、一定の集団での取り組みが多いため、実情に合わないこともあります。

　保護者や医療関係者の中には、疾患名と障害種とを混在して使用していることがありますので、連携・協力する際には注意する必要があります。例えば、自閉症・情緒障害特別支援学級の話をしていると、「今は自閉症とは言わない。古い話をしないで」「今は自閉スペクトラム症特別支援学級です」と言われることがあります。自閉スペクトラム症や限局性学習症、知的能力症などは、アメリカ精神医学会における精神疾患の診断・統計マニュアル（DSM-5）に記載されている疾患名です。また今後はWHOにおける疾病及び関連保健問題の国際統計分類（ICD-11）に記載されている疾患名の使用も増えてくるでしょう。しかし、それらは疾

患名であり学校教育法等に基づく障害種ではありません。

　表２は DSM-5 や ICD-11（日本語訳は仮訳）等にある疾患名と学校教育法等での障害種、障害者総合支援法等での障害種の違いについて、例をあげてまとめたものです。例えば注意欠如多動症と診断を受けた子どもが、知的障害を伴う場合には知的障害特別支援学級で指導を受けることがありますし、うつ病等を伴う場合には病弱の特別支援学校で指導を受けることがあります。また、ダウン症は疾患名ですが学校教育法等における障害種ではありません。学校教育法等では、障害の状態等に応じた教育を受けることができるように障害種が示されていますので、ダウン症の子どもの多くは、小・中学校の通常の学級で教育を受けたり、知的障害特別支援学級や特別支援学校（知的障害）で教育を受けたりすることができます。また、ダウン症の子どもが運動機能障害を伴う場合は肢体不自由者として、心臓疾患の状態によっては病弱者として教育を受けることもあります。

　疾患名は子どもの実態を知るための重要な情報の一つですが、それだけでは子どもが必要とする指導や支援の内容を正確に把握することはできません。例えば、自閉スペクトラム症の診断を受けた子どもの中には ADHD の障害特性の方が強く見られる場合がありますし、「発達障害の特性として視覚優位があるので絵カード等を併用して話してください」と言われた子どもが、絵カードや文字カードではなく簡潔なことばでの指示の方が理解しやすいこともあります。

　このように同じ疾患名であっても、困っている内容や程度は一人一人異なりま

表２　疾患名と各法令等における障害者（例）

学校教育法等	疾患名（病名）	障害者総合支援法等
・知的障害者	知的発達症※1 （知的能力障害）	・知的障害者
・知的障害者 ・肢体不自由者 ・病弱者	ダウン症 (Complete trisomy 21)	・知的障害者 ・身体障害者 ・難病等
・学習障害者	発達性学習症 （限局性学習症）	・精神障害者
・自閉症者 ・知的障害者 ・病弱者	自閉スペクトラム症 （ＡＳＤ）	・精神障害者 ・知的障害者
・注意欠陥多動性障害者 ・知的障害者 ・病弱者	注意欠如/多動症 （ＡＤＨＤ）	・精神障害者
・肢体不自由者 ・病弱者	筋ジストロフィー症	・身体障害者 ・難病等

※1　疾患名には、知的発達症以外にも、原因が明確な場合はその疾患名の場合もある（低酸素脳症や染色体異常など）。「ダウン症による知的発達症」「低酸素脳症による知的発達症」などの診断名の場合もある。

す。個々の障害の状態や特性、発達の段階等は多様です。疾患名だけで、子ども
を理解したつもりにならないことが重要です。

5 学校の教育活動全体を通じて行う自立活動

　このように一人一人の障害の実態や特性等が異なるため、個々の障害の実態等
に即した指導が必要となります。そこで、そのような指導を行うために、特別支
援学校には自立活動という特別な指導領域が設けられています。

　特別支援学校の学習指導要領では、「自立活動の指導は、自立活動の時間はも
とより、学校の教育活動全体を通じて適切に行うものとする」と示されています。
また、学習指導要領解説（総則編）では、「自立活動の時間における指導は、学
校における自立活動の指導のいわば要となる重要な時間であるが、自立活動の時
間のみで自立活動の指導が全て行われるものではない」とあるように、自立活動
の時間における指導が自立活動の要となるものであることが示されています。

　学習指導要領の総則では、学校の教育活動全体を通じて行う指導として、自立
活動以外に道徳教育と体育・保健に関する指導などがあげられています（図3）。
特に道徳教育に関しては、道徳教育は道徳科を要として学校の教育活動全体を通
じて行うものと規定されており、自立活動の時間における指導と同様に要として
実施することが明記されています。このことから、特別支援学校では道徳科と同
様に、自立活動の時間を設けて、その時間の指導を中心にして自立活動の指導を
行っていく必要があります。

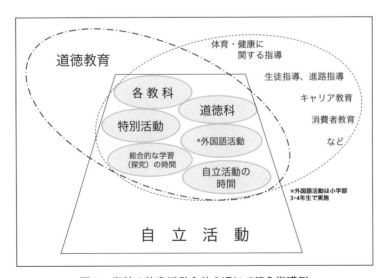

図3　学校の教育活動全体を通じて行う指導例

6　教育課程上の自立活動

　教育課程で編成すべき各教科等については、学校教育法施行規則で示されています。第126条第1項では特別支援学校小学部の、同条第2項では知的障害のある小学部児童についての各教科等が示されており、第127条第1項では中学部の、同条第2項では知的障害のある中学部生徒についての各教科等が示されており、第128条第1項では特別支援学校高等部の、同条第2項では知的障害のある高等部生徒の各教科等が示されています。

　ここでは、特別支援学校の小学部の各教科等について示されている第126条を取り上げてみます。特別支援学校小学部については同条第1項に示されているように、

各教科＋道徳科＋外国語活動＋総合的な学習の時間＋特別活動＋ 　自立活動　

と各教科やその他の指導領域（以下、「各教科等」という）で教育課程を編成することになります。すなわち、小学校で示されている各教科等に、特別な指導領域である自立活動を加えたもので、自立活動以外は小学校の当該学年の各教科等と同じものを指導します。

学校教育法施行規則

第126条　特別支援学校の小学部の教育課程は、国語、社会、算数、理科、生活、音楽、図画工作、家庭、体育及び外国語の各教科、特別の教科である道徳、外国語活動、総合的な学習の時間、特別活動並びに自立活動によつて編成するものとする。

2　前項の規定にかかわらず、知的障害者である児童を教育する場合は、生活、国語、算数、音楽、図画工作及び体育の各教科、特別の教科である道徳、特別活動並びに自立活動によつて教育課程を編成するものとする。ただし、必要がある場合には、外国語活動を加えて教育課程を編成することができる。

（※下線は筆者が記入）

　しかし、同条第2項では知的障害のある児童に限定した規定を設けており、知的障害の特別支援学校小学部では、

各教科＋道徳科＋特別活動＋ 　自立活動　

で教育課程を編成することになっています。ここでの各教科は小学校の各教科とは異なる知的障害の各教科（知的障害のある子どもの実態に即した各教科）のことです。各教科には、社会、理科、家庭、外国語は含まれていません。また、外国語活動や総合的な学習の時間も含まれていません（ただし、必要がある場合は外国語活動を加えることができます）。

　図4は、小学校4年及び特別支援学校小学部4年の各教科等の構成と年間の授

業時数を比較したものです。小学校も特別支援学校小学部も4年の年間の総授業時数は同じ1015単位時間です（1単位時間は45分）。

　小学校4年では各教科の年間の授業時数や道徳科等の年間の授業時数は決められていますが、特別支援学校小学部では自立活動の指導（必要な授業時数は児童により異なる）が加わるため、各教科や道徳科等の授業を減らす必要があります。そのため、特別支援学校では各教科や道徳科等の年間の授業時数は決められていません。

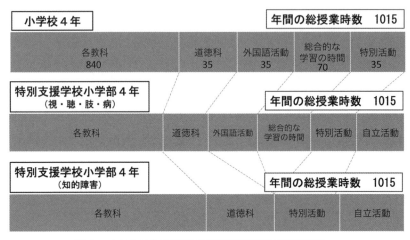

図4　4年生の各教科等の内容及び年間の授業時数

7　自立活動を他の各教科等と合わせて指導する場合

　学校教育法施行規則第130条第2項では、知的障害及び重複障害のある児童生徒に対して指導する際に、各教科、道徳科、外国語活動、特別活動及び自立活動の全部又は一部を合わせて授業を行うことができることが規定されています。このことから、知的障害のある子どもへの自立活動は、各教科等を合わせて指導する中で行うことができます。このことについては、特別支援学校学習指導要領解説（総則編）において「各教科等と自立活動を一部又は全部について合わせて指導を行うことによって，一層効果の上がる授業を行う場合には，自立活動の指導目標を設定した上で指導を行うことはあり得る。」とあり、自立活動の指導目標を設定した上で、その一部又は全部を合わせて指導できます。ただし、その際は、「自立活動の指導目標の達成に迫る指導なのか，自立活動の観点から必要な配慮なのか，その関連性について十分留意する」ことが求められていますので、実際に行われる活動が自立活動の目標の達成を目指す取り組みなのか、あくまでも各

図5　自立活動の時間の設定例

教科等の指導時の配慮としてのものなのかを明確にしておくことが大切です。例えば、絵カードを使ってコミュニケーションを図る活動を自立活動として取り組むこともあれば、国語の指導時の配慮として行うこともあります。その違いを明確にするためには、自立活動の指導目標を設定することが必要になります。

　図5は、知的障害のある子どもの自立活動の時間の設定例です。知的障害の特別支援学校では、学習指導要領に「自立活動の指導は、自立活動の時間はもとより」と示されていることから、自立活動の時間を設定した上で、個別的、計画的、継続的に指導を行っている学校が多いと思います。しかし、児童生徒の実態等によっては②（一部を合わせた指導として実施）や③（主に合わせた指導で行い、自立活動の指導目標の達成に迫るよう取り組む）のように自立活動の時間を設けた上で一部を合わせて指導したり、④のように自立活動の時間を設定せず全部を合わせて指導していたりすることもあります。しかし、各教科等と全部合わせて行うと、単元ごとに自立活動として実施する活動の目標や内容が大きく変わるため、自立活動が継続的な取組にならないことがあるので注意する必要があります。

　自立活動では、一人一人の障害の状態や特性等に即した指導を、計画的、継続的に行う必要がありますので、自立活動の時間を設定して、継続的に行うことが望ましいです。しかし、実際の授業では、様々な時間の設定方法があるので、個々の子どもや学習集団等に応じて検討してください。

　自立活動は、「自立活動の時間はもとより，学校の教育活動全体を通じて適切に行う」ことが求められており、学習指導要領解説では「自立活動の指導の重要性に鑑み，自立活動の時間における指導を中心とし，学校の教育活動全体を通じて指導する」とあり、自立活動の時間における指導を中心とすべきであることが明記されています。すなわち、図6のようなイメージで自立活動を行っていくこ

自立活動は、自立活動の<u>時間の指導</u>を中心にして、学校での<u>学習活動全体を通じて</u>行われるものである。そのため、自立活動の時間での指導だけでなく、その他の各教科等の指導においても、自立活動の目標（ねらい）や内容を理解して取り組む必要がある。

図6　自立活動の指導と時間の指導

とが求められています。

　知的障害のある児童生徒を指導する際は、自立活動を含めた各教科等を合わせて指導することができますので、各教科等を合わせることにより、一層効果が上がる授業となる場合には、自立活動の指導目標を設定した上で各教科等を合わせて指導を行うことはあり得ますが、そのことと自立活動の時間における指導を設けるかどうかとは別の話です。一人一人の障害の状態や特性等に即した指導を、個別の指導計画等の作成・活用を通して計画的かつ継続的に行うためには、どのような教育課程を編成すればよいかを学校で組織的に検討し、より効果的に自立活動の指導が展開できるようにしたいものです。

【引用・参考文献】
文部科学省（2013）教育支援資料
文部科学省（2017）特別支援学校小学部・中学部学習指導要領
文部科学省（2017）小学校学習指導要領
文部科学省（2017）中学校学習指導要領
文部科学省（2018）特別支援学校教育要領・学習指導要領解説　総則編（幼稚部・小学部・中学部）
文部科学省（2018）特別支援学校教育要領・学習指導要領解説　自立活動編（幼稚部・小学部・中学部）・
American Psychiatric Association（2014）日本精神神経学会監修　DSM- ５精神疾患の診断・統計マニュアル, 医学書院

第2節　自立活動の実施に向けた知的障害特別支援学校の体制

1　自立活動を推進するための学校における体制整備

（1）自立活動に関する組織の設置促進

　自立活動を進めるためには、学校における体制を整備する必要があります。しかし、特別支援学校幼稚部教育要領、小学部・中学部学習指導要領（平成29年4月告示）及び特別支援学校教育要領・学習指導要領解説自立活動編（平成30年3月）には、体制整備に関する記述はほとんど見られません。学習指導要領には、次のように「専門的な知識を有する教師を中心として，全教師の協力の下に効果的に行われるようにする」との記述が見られ、専門性を有する教師や協力体制の必要性は述べられているものの、校内に自立活動の推進体制を整備することは示されていません。

> **小学部・中学部学習指導要領（第7章第3の5）**
> 5　自立活動の指導は，専門的な知識や技能を有する教師を中心として，全教師の協力の下に効果的に行われるようにするものとする。

　したがって、各都道府県教育委員会等が作成している自立活動の手引きやガイドブックなどを見ても、いわゆる自立活動部などの体制整備には言及していないものがほとんどです。しかし、これまでの先行研究を見ると山本（2010）は、自立活動に関する何らかの組織が編成されていると回答した学校が209校（51.5%）、編成されていないと回答した学校が192校（47.3%）、記述なしが5校（1.2%）であったと報告し、校内に自立活動に関する組織を設置している学校が過半数を超えているとしています（山本，2010，16頁）。また、今井（2013）によると、学校体制として、自立活動に関する組織を編成している割合は56.8%とし、以前に比べて増えていると指摘しています。このことは自閉症の児童生徒数の増加に応じて自閉症に対する指導内容や方法の研究が自立活動の視点から進められていくということも考察しています（今井，2013，千葉大学教育学部研究紀要第61巻，

220 頁）。

　また、山本（2010）は、専任教員配置校において自立活動に関する組織の設置が進んでいること（専任教員非配置校が組織の設置率 40.9％、専任教員配置校では 96.2％）を報告しています（山本，2010，17 頁）。

　これらの先行研究の結果や前節「6　教育課程上の自立活動」において述べた自立活動の教育課程上の重要性を考えると、各学校は教育課程を編成する際に自立活動の位置づけを重要視し、学校としての自立活動の年間目標や指導計画を明確に作成することが大切です。これらの取り組みを進めていくためには、学校における自立活動部というような自立活動に関する組織を位置づけることが重要と考えます。学校においては、校務分掌組織の各部や教科・領域等に自立活動に関する部署を位置づけることが推進につながると考えます。各学校においては、知的障害に関する自立活動の専門的な知識や技能を有する教師を中心とした組織を位置づけ、全教師の協力体制の下に効果的な指導を進めていけるようにすることが重要です。

（2）自立活動の専任教員の配置

　特別支援学校における教員配置は、公立義務教育諸学校の学級編制及び教職員定数の標準に関する法律に示されているものの他、教育相談担当教員や自立活動担当教員等が加算され、教育相談活動や自立活動指導の充実を図る措置が行われています。しかし、知的障害特別支援学校において自立活動専任教員の配置状況については、山本（2010）の調査によると専任教員がいると回答した学校が 78 校（19.2％）でした。また、今井（2013）の調査によると 37.8％でした。徐々に専任教員の増加が見られましたが、中西・荒川（2020，10 頁）が、自立活動の指導の実際を把握する調査項目を全国特別支援学校知的障害教育校長会の情報交換資料に加え、その結果から知的障害特別支援学校における自立活動の指導の現状をまとめた結果によると、専任教員の配置は、複数の障害部門を設置している学校を除き、小学部付きで専任の教員を配置している学校は 36 校、全校を対象に自立活動の専任教員を配置している学校は 96 校であり、回答校数が 466 校であることから、決して増加しているとは言えない状況です。また、山本（2010）の調査によると、専任教員配置校と非配置校の自立活動の組織の有無を比較した結果として、専任教員配置校における自立活動の組織は 96.2％の学校であるとしており、非配置校では組織がある学校は 40.9％にとどまっています。自立活動の専任教員の配置が自立活動の学校組織の設置にとって重要なポイントであり、自立活動を推進するための組織を編成するために専門教員の配置を促進することが

大切と言えます。さらに山本（2010）の調査では、「専任教員の配置校群におい
ては、『必要児童を抽出指導』を行っている学校が、全国の割合を大きく上回っ
ている。専任教員配置校では、児童生徒の自立活動に対しては専任の立場の教員
が一部の児童生徒を抽出して行う自立活動の形態をとっている割合が高いとし、
専任教員を校内に配置していない一般的な学校（非配置校群）においては、5 割
以上の学校で『教育全般で指導』する形態をとっているのに対し、配置校群にお
いては、5 割以上の学校で、児童生徒の実態により『必要児童を抽出指導』の形
態で、『時間の指導』が行われている状況は、注目に値する特徴的な指導形態で
あると思われる。」と報告し、専任教員の配置が自立活動の指導形態と深く関わっ
ていることについて報告しています。

　今井（2014）は、自立活動に関する教員の意識調査において、専任教員の意識
が非専任の教員群に比べて高い傾向にあり、専任教員がいることにより学級担任
が相談したりアドバイスが得られる点を指摘しています。一方、自立活動が専任
任せになりやすく学校全体の教員の捉え方にばらつきが生じるとし、教員全体の
共通理解が必要と分析しています。

　2007 年から始まった特別支援教育制度において、特別支援学校は複数の障害
種の教育部門が設置できるようになりました。また、通常の学校に在籍する障害
のある児童生徒に対応するためのいわゆるセンター的機能が求められ、特別支援
教育コーディネーターの役割が期待されました。特別支援教育コーディネーター
が定数として配置されなかったことは、学校全体の教員数に影響したことは否め
ませんが、すべての学校で特別支援教育が行われる中で、特別支援学校のセンター
的機能は重要であり、ほとんどの特別支援学校において取り組まれました。知的
障害特別支援学校においてこのセンター的機能を担っていくために、通常の学校
に在籍する知的障害のある児童生徒の指導に関する支援をするためにも自立活動
の取り組みが重要な課題になったと言えます。

　このように特別支援教育を進め、インクルーシブ教育システムの構築をしてい
くために「小学校等の各教科の目標や内容との連続性・関連性を整理することが
必要である」ことが示されています（特別支援学校学習指導要領解説各教科等編
（幼稚部・小学部・中学部）平成 29 年 4 月告示）。このことを踏まえると、通常
の学校において知的障害のある児童生徒の指導を進めていくためには、特別支援
学校において知的障害のある児童生徒一人一人に応じた自立活動の指導内容や方
法を確立していくことが大切です。各学校においては、教育課程に明確に位置づ
けるとともに、専任教員の配置を進め、専門性の向上を図ることが重要です。知

的障害教育においては、自立活動教諭免許がなく、自立活動の専門性をどのように確立し、専門性の向上を図るかということは大きな課題となっています。自立活動部などの組織が中心となり、OT・PT・STなどの外部専門家の活用も図りながら専任教員の専門性を高めるとともに自立活動の研究、実践を進めていくことが大切だと考えます。

2 自立活動の「個別の指導計画」の作成と内容の取扱い

（1）個別の指導計画の作成手順

　自立活動は、一人一人の児童生徒の実態に応じて指導内容を選択し、指導方法や教材を工夫し指導するため、個別の指導計画を作成し、活用していくことが重要となります。したがって、個別の指導計画の作成、活用については、特別支援学校小学部・中学部学習指導要領（平成29年4月告示）においても多く記述されていますし、各教育委員会が作成しているガイドブックや手引書においても学習指導要領の内容に基づく記述が詳細に示されています。これらを参考に個別の指導計画の作成と活用を進めていくことが大切です。

　これらのことは次のように特別支援学校小学部・中学部学習指導要領（平成29年4月告示）に示されています。

小学部・中学部学習指導要領（第7章第3の1）
第3　個別の指導計画の作成と内容の取扱い
1　自立活動の指導に当たっては，個々の児童又は生徒の障害の状態や特性及び心身の発達の段階等の的確な把握に基づき，指導すべき課題を明確にすることによって，指導目標及び指導内容を設定し，個別の指導計画を作成するものとする。その際，第2に示す内容の中からそれぞれに必要とする項目を選定し，それらを相互に関連付け，具体的に指導内容を設定するものとする。

　さらに、特別支援学校学習指導要領解説自立活動編（平成30年3月）には、第7章として自立活動の個別の指導計画の作成と内容の取扱いについて作成の手順が次のように示されています。

---

①　個々の児童生徒の実態（障害の状態，発達や経験の程度，生育歴等）を的確に把握する。
②　実態把握に基づいて指導すべき課題を抽出し，課題相互の関連を整理する。
③　個々の実態に即した指導目標を明確に設定する。
④　小学部・中学部学習指導要領第7章第2の内容の中から，個々の指導目標を達成するために必要な項目を選定する。
⑤　選定した項目を相互に関連付けて具体的な指導内容を設定する。

　このような手順において、個別の指導計画を作成し、計画に基づく指導においては、計画（Plan）－実践（Do）－評価（Check）－改善（Action）のサイクルを確立し、適切な指導を進めていくことが重要です。

（２）個別の指導計画の具体的な活用について

　個別の指導計画の具体的な作成と活用については、本書第３章並びに第４章の実践例で詳しく述べているので、それらを参考にして進めていただくことになりますが、ここでは特別支援学校学習指導要領解説自立活動編に基づき、知的障害の事例についての概要を示します。

　個別の指導計画の具体的な作成の事例については、次の手順が示されています。

①　障害の状態，発達や経験の程度，興味・関心，学習や生活の中で見られる長所やよさ，課題等について情報収集
②－１　収集した情報（①）を自立活動の区分に即して整理する段階
②－２　収集した情報（①）を学習上又は生活上の困難や，これまでの学習状況の視点から整理する段階
②－３　収集した情報（①）を〇〇年後の姿の観点から整理する段階
③　①をもとに②－１，②－２，②－３で整理した情報から課題を抽出する段階
④　③で整理した課題同士がどのように関連しているかを整理し，中心的な課題を導き出す段階
⑤　④に基づき設定した指導目標を記す段階
⑥　⑤を達成するために必要な項目を選定する段階
⑦　項目と項目を関連付ける際のポイント
⑧　具体的な指導内容を設定する段階

　上の表は特別支援学校学習指導要領解説自立活動編に示されたものですが、これらをもとに各教育委員会や学校で個別の指導計画作成の手順や様式が作成されています。各学校においてはこれらの資料に基づき、個別の指導計画を自立活動の指導に活用し、計画（Plan）－実践（Do）－評価（Check）－改善（Action）のサイクルにより適切な指導を行うことが大切です。

　埼玉県では、「教育支援プランＡ・Ｂ」という名称で「個別の教育支援計画」の中に「個別の指導計画」の機能を取り込み、総論・各論的又は長期・短期的な観点からお互いの機能を補完するような総合的な計画が示されています（「個別の教育支援計画・個別の指導計画を活用した指導事例集」埼玉県教育委員会、平成22年３月）。また、自立活動に関するアンケート調査を実施し、自立活動の取組状況や実施上の課題を明らかにすること、特別支援学校及び特別支援学級における知的障害のある児童生徒の自立活動の「指導計画作成の手順」「指導事例」及

び「具体的な指導内容（試案)」を作成するための調査研究を行いその結果を報告にまとめています。

岡山県においては、総合教育センターが「自立活動ハンドブック」を作成しています（岡山県総合教育センター、平成 27 年 2 月)。自立活動における個別の指導計画を適切に作成するための手順について解説した「手順編」と、それに沿って作成した計画による指導の実際を紹介した「実践編」で構成されています。

山口県では、「自立活動指導の手引き」を作成しています（山口県教育委員会、平成 25 年 4 月)。手引きは、自立活動の基本的な考え方や個別の指導計画に基づく指導の進め方を示した「理論編」と、障害種別の指導内容等を整理した「資料編」で構成されています。また、特別支援学級、通常の学級、通級指導教室における教育課程上の位置づけや指導内容例も掲載されており、小・中学校、高等学校等でも活用できるように編集されています。

このような教育委員会が作成したものが大変参考になります。また、個別の指導計画の活用については、これまでも多くの研究がなされています。

妹尾（2013）は、個別の指導計画の作成における実態把握に学習課題リストを活用し、実態把握のための学習課題リストを指導内容の選定に生かせる取り組みを報告しています。

福新（2011）は、社会性の育成を中心の課題とした個別の指導計画を作成し、自立活動を中心とした指導と各教科等を合わせた指導の関連を明確にし、児童の活動の詳細な記録をもとに変容を捉え、授業改善に活用するという報告をしています。

本書における個別の指導計画の作成については、第 3 章の実践例に示しています。本書で取り上げている個別の指導計画については、以下の内容及び手順で作成しています。

---

① 実態把握
② 実態を自立活動の区分に即して整理し、指導の方針を立てる
③ 指導すべき課題の整理
④ 学習上又は生活上の困難の視点から、重点項目を設定する
⑤ 指導目標の設定
⑥ 具体的な指導内容の設定
⑦ 指導目標・指導内容・指導場面

第 3 章には具体的な実践例を示していますので参考にし、実践に活用していただき、知的障害の自立活動について実践を深めていただきたいと思います。

【引用・参考文献】
1　特別支援学校小学部・中学部学習指導要領（平成 29 年 4 月告示、文部科学省）
2　特別支援学校学習指導要領解説自立活動編（小学部・中学部）平成 30 年 3 月文部科学省
3　山本恵子（2010）知的障害特別支援学校における自立活動の現状と今日的課題に関する研究−自立活動専任教員配置校への調査を通して−．弘前大学大学院教育学研究科修士課程修士論文
4　今井善之（2013）知的障害特別支援学校における自立活動の現状と教員の課題意識．千葉大学教育学部研究紀要第 61 巻，219-226 頁
5　今井善之（2014）知的障害特別支援学校における自立活動の現状と教員の課題意識Ⅱ．千葉大学教育学部研究紀要第 62 巻，75-83 頁
6　中西郁・荒川早月（2020）知的障害特別支援学校における自立活動の指導の現状について〜知的障害特別支援学校への自立活動の指導に関する全国調査を中心に〜．十文字学園女子大学特別支援教育センター紀要第 6 号，2-12 頁
7　特別支援学校及び特別支援学級における知的障害のある児童生徒の自立活動に関する調査研究　平成 23 年 3 月　埼玉県立総合教育センター特別支援教育担当
8　自立活動ハンドブック−知的障害のある児童生徒の指導のためにVer.2 − 令和元年 8 月　岡山県総合教育センター
9　自立活動の指導の手引き平成 25 年 4 月山口県教育委員会
10　個別の教育支援計画・個別の指導計画を活用した指導事例集　平成 22 年 3 月　埼玉県教育委員会
11　妹尾千津（2013）知的障害特別支援学校における自立活動の指導の充実−重複障害のある生徒のコミュニケーションに係る学習課題リストの作成を通して−
12　福新智幸（2011）知的障害のある児童の良好な人間関係を築くための支援に関する研究−社会性の育成に視点を当てた「個別の指導計画」の作成と活用を通して−

文献について
1,2 は、学習指導要領及び解説であり、自立活動の指導においては必読です。
3,4,5,6,7 は、自立活動の実態調査等の研究論文であり、自立活動の実態を把握するために参考になるものです。
8,9,10 は、県教育委員会がまとめた自立活動を進めていくための資料です。他の教育委員会においても作成されていると思いますので、該当の教育委員会の資料と合わせて参考にしてください。
11,12 は、自立活動の指導に関する研究論文です。11 は、重度の生徒のコミュニケーションに関する課題リストを作成活用しての実践が述べられています。12 は、「個別の指導計画」の作成と活用により、社会性の育成に図る実践です。

知的障害特別支援学校における自立活動の取り組み

1 自立活動の取り組みの特徴

　知的障害特別支援学校における自立活動の取り組みには主として三つの特徴があります。一つ目は、自立活動の時間における指導の充実です。二つ目は、自立活動の指導の形態です。その一つとして集団での指導、個別指導(抽出による指導)があります。さらには、集団での指導、小集団での指導、個別指導（抽出による指導）と分けて考える場合があります。知的障害特別支援学校では、「自立活動の時間における指導」のほかに、各教科における指導、各教科等を合わせた指導において自立活動の指導が行われます。三つ目は、知的障害特別支援学校における自立活動は、学校の教育活動全体を通じで行ってきたという経緯があり、現在でも学校の教育活動全体を通じて行っていることが多いということです。

2 自立活動の時間における指導

　自立活動の指導を設定している知的障害特別支援学校は、他の障害種の特別支援学校と比較して多くはありません。平成22〜23年度の国立特別支援教育総合研究所の全国の特別支援学校842校の調査において、自立活動の時間を設定しているという回答は、視覚障害79%、聴覚障害93%、知的障害45%、肢体不自由94%、病弱98%となっています（国立特別支援総合研究所, 2011）。この調査には、小学部・中学部・高等部そして普通学級、重複学級も含まれていますが、知的障害が45%どまりなのに、聴覚障害、肢体不自由、病弱は90%以上になっています。また、山本の研究では、2008年に知的障害特別支援学校515校を対象とした調査で、小学部の普通学級の392校の回答では、「全員に時間の指導」116校（29.6%）、「全員に時間の指導」＋「抽出指導」2校（0.5%）、「必要児童を抽出指導」79校（20.2%）という結果になっています（山本, 2010）。単純に合計すれば、小学部

の普通学級の 50.3％が自立活動の時間の指導をしていることになります。

　全国特別支援学校長会の 2018 年の調査では、知的障害特別支援学校の小学部普通学級において自立活動の「時間の指導」を特設し、週時程に位置づけている学校は 364 校（62.3％）あり、回答を得た 584 校の約 6 割で自立活動の「時間の指導」を実施していることになります（全国特別支援学校長会, 2018）。山本の研究と比較しますと 10 年間で 10％増加したことになります。知的障害特別支援学校においても「自立活動の時間における指導」を充実させることが課題となっています。

　平成 29 年度告示の小・中学校の学習指導要領の総則の第 4 の「2 特別な配慮を必要とする児童（生徒）への指導」において、特別支援学級では、学級の実態に応じて特別の教育課程を編成する場合、特別支援学校と同じ自立活動の指導が求められています。また通級における指導を行うに当たっても、特別支援学校の自立活動の内容を参考にすることが求められています。特別支援教育全体に自立活動の指導の充実が目指されていると言えると思います。

3　自立活動の指導の形態

　自立活動の指導を進める際に、指導の形態も知的障害特別支援学校の特徴の一つです。自立活動の指導には、個別の指導計画を作成し、その計画に基づいて自立活動の指導が行われます。しかし、個別の指導計画に基づく自立活動の指導には様々な形態があります。「自立活動の時間の指導」においては、集団での指導、小集団での指導、個別指導（抽出による指導）があります。平成 30 年 3 月の特別支援学校教育要領・学習指導要領解説自立活動編では「個別の指導計画に基づく自立活動の指導は，個別指導の形態で行われることが多いが，指導目標（ねらい）を達成する上で効果的である場合には，幼児児童生徒の集団を構成して指導することも考えられる。しかし，自立活動の指導計画は個別に作成されることが基本であり，最初から集団で指導することを前提とするものではない点に十分留意することが重要である。」（解説 24 頁）と示されています。学習指導要領解説に基づけば、知的障害特別支援学校においては、自立活動の指導は集団を構成して指導することも考えられますが、個別指導の形態で実施することにも留意しておく必要があるでしょう。

　知的障害特別支援学校では、伝統的に自立活動の指導は集団で行われてきた経

緯があります。文部省の学習指導要領の解説書において「『養護・訓練』の内容については、日常生活の指導、遊びの指導、生活単元学習、作業学習等の領域・教科を合わせた指導の形態において指導されることが多い」ということが述べられております（文部省，1991，140頁）。つまり、生活単元学習等の領域・教科を合わせた指導は集団での指導が基本ですので、そうした伝統を受け継ぎ、自立活動の指導は集団での指導が多かったということになります。

　2019年に実施された大井靖らの調査を引用してみていきたいと思います（大井他，2020）。自立活動を週時程に位置づけている学校の「自立活動の時間における指導の授業形態」では、「複数の児童を個別の課題に応じて指導している（119校、42％）」、「複数の児童の類似した課題を集団で指導している（97校、34％）」、「個別指導を取り出しで行っている（58校、20％）」となっています（大井他，2020，6頁）。「複数の児童を個別の課題に応じて指導している」というのも、集団での指導とみなすこともできますので、「複数の児童の類似した課題を集団で指導している」と合わせると76％となり、知的障害特別支援学校での自立活動の指導は集団指導で行われていることが多いと言えます。「自立活動を週時程に位置づけている学校」において、各教科等を合わせた指導で実施している学校の自立活動の指導形態では、「日常生活の指導（130校39％）」、「生活単元学習（114校34％）」、「遊びの指導（76校23％）」となっています（大井他，2020，13頁）。「自立活動の時間における指導」において自立活動の指導を実施している学校では、「各教科等を合わせた指導」でも自立活動の指導を実施しているということになります。

　自立活動の指導が「各教科等を合わせた指導」で実施されてきた経緯があるということは、先に見てきたとおりです。そして、今日においても自立活動の指導が「各教科等を合わせた指導」において多く実施されているとすれば、その実施の在り様については注視しなければならないと思います。「各教科等を合わせた指導において自立活動の指導を中心にして実施している」かという問いに対する回答は、「自立活動の指導を中心にして実施している（31校19％）」、「実施していない（134校81％）」となっています。

　こうした実態から自立活動の指導を充実させるための自立活動の指導形態についての課題が浮かび上がってきます。他の障害と異なり、知的障害特別支援学校では自立活動の指導は、集団や小集団での指導が多く、個別指導は少ないという特徴があります。ですから、集団指導や小集団での指導の在り方を充実させることが重要となります。集団指導や小集団での指導は、「自立活動の時間における

指導」の他に「各教科等を合わせた指導」や各教科で行われることになります。生活単元学習を例にしますと、この学習の特性でもありますが、行事を中心にした単元の構成になっています。そうした単元の展開において自立活動の内容が部分的に導入されることになります。このような「各教科等を合わせた指導」では、自立活動の指導の充実は望めないと思います。「各教科等を合わせた指導」は、それらの単元の目標を中心に展開されることは当然だと思います。そうした「各教科等を合わせた指導」とは別に、自立活動の課題を中心に置いた「各教科等を合わせた指導」が設定される必要があると思います。領域としての自立活動を中心に児童生徒の有している自立活動の課題に応じて各教科の一部を合わせることになります。例えば、体のバランスが不安定で安定した歩行が困難な児童を想定してみましょう。自立活動の目標として「体のふらつきを減少させ、歩行を 2 〜 3 歩安定させる」ということが設定されます。目標を達成するために自立活動の指導を中心に教科の体育と音楽とを合わせて「各教科等を合わせた指導」とします。このような体のバランスに課題を有している児童を小集団としてグループ化し、ゆったりとしたリズムの音曲を数曲用意し、マットやバランスボールなどを用いて、他の児童も含めて体のバランスや歩行の安定などを目指した授業が展開されます。

4　教育活動全体での取り組み

　知的障害特別支援学校において自立活動の指導は学校の教育活動全体で行ってきたという経緯があると述べました。しかし、学校の教育活動全体を通して行うということは、知的障害特別支援学校に限られたことではありません。他の障害種の特別支援学校においても、学校の教育活動全体を通じて行うことになっております。それは、平成 29 年告示の特別支援学校小学部・中学部学習指導要領においても以下のように規定されているからです。

> (4)　学校における自立活動の指導は，障害による学習上又は生活上の困難を改善・克服し，自立し社会参加する資質を養うため，自立活動の時間はもとより，学校の教育活動全体を通じて適切に行うものとする。特に，自立活動の時間における指導は，各教科，道徳科，外国語活動，総合的な学習の時間及び特別活動と密接な関連を保ち，個々の児童又は生徒の障害の状態や特性及び心身の発達の段階等を的確に把握して，適切な指導計画の下に行うよう配慮すること。

　この自立活動の規定は特別支援学校全体について示されているものです。学校の教育活動全体を通じて行うという点だけに注目すれば、相違はないことになり

ます。しかし、他の障害種の特別支援学校は「自立活動の時間における指導」への取り組みが充実していて、その上で学校の教育活動全体を通じて行っております。

（1）学校の教育活動全体と自立活動の指導

　知的障害特別支援学校では、自立活動の指導を教育活動全体を通じて行うことが多かったことがうかがえます。1971（昭和46）年の養護学校（精神薄弱）小学部・中学部学習指導要領の改訂において、「養護・訓練」が新設されました。そこでは、「養護・訓練に関する指導は、養護・訓練の時間はもちろん、学校の教育活動全体を通じて適切に行うものとする」と示されました（文部省, 1971, 109頁）。自立活動が「養護・訓練」として導入された当初より、学校の教育活動全体を通じて適切に行うとされていました。また、1975年に文部省により「養護・訓練指導事例集―精神薄弱教育編―」が出されますが、その中で、「養護・訓練の時間における指導」と「養護・訓練に関する指導」とに分けられ、さらに「養護・訓練の時間における指導」は「①抽出による指導」と「②特設による指導」とに分けられました。そして「養護・訓練に関する指導」は、「障害の程度が比較的軽い場合は、『養護・訓練に関する指導』が主となるであろう。すなわち、学校の教育活動全体を通じて適切に行うということである」とされています（文部省, 1975, 16頁）。この学校の教育活動全体を通じて適切に行うということの説明として、以下のように述べられています。

　「たとえば『合奏する』ということを、音楽表現に必要な技能の向上や音楽活動に楽しく参加することを狙いとした場合は、『音楽』であり、打楽器を使って集団参加とともに肢体（特に手、指、腕等）の基本動作の習得及び基礎的身体機能の改善にねらいをおくとすれば『養護・訓練』となる。このように教科を『手段』とするか『目的』とするかによって『養護・訓練』であったり『教科』であったりする。」（文部省, 1975, 16頁）。

　学校の教育活動全体を通じて適切に行うということは、「養護・訓練に関する指導」として行われ、また「養護・訓練に関する指導」は「配慮による養護・訓練」と言われたり、「配慮養・訓」と言われたりしました。知的障害特別支援学校においては、「特設による養護・訓練」の指導は少なく、「養護・訓練に関する指導」が多く行われていました。当時文部省の初中局特殊教育課教科調査官であった、宮崎直男は、「養護・訓練」の実施に当たっては、「養護・訓練に関する指導に重点をおくことが望ましい。」と述べています（宮崎, 1981, 17頁）。

　1999（平成11）年に盲学校、聾学校及び養護学校の学習指導要領が改訂され「養

護・訓練」は自立活動に改称されました。この改訂において「養護・訓練に関する指導」は「自立活動の指導」に、そして「養護・訓練の時間における指導」は「自立活動の時間における指導」に改められました。「自立活動の指導」と「自立活動の時間における指導」との関係に関して、盲学校、聾学校及び養護学校学習指導要領解説では、「今回の改訂では、従前、『養護・訓練に関する指導』と表現していたものを『自立活動の指導』と改めている。これは、学校の教育活動全体を通じて行う『自立活動の指導』とその一部である『自立活動の時間における指導』との的確な理解を促すためである。」と説明しています（文部省, 2000, 142-143 頁）。自立活動の指導は、学校の教育活動全体を通じて行う「自立活動の指導」とし、その一部として「自立活動の時間における指導」が位置づけられています。

　この時期の知的障害特別支援学校において実施された学校の教育活動全体を通じて行う自立活動の指導はどのような状態だったでしょうか。2008 年に調査した研究によりますと、自立活動は「教育全般で指導」という回答が 46.4％であり、小学部の普通学級の 50.3％が「自立活動の時間の指導」をしているという結果になっています（山本, 2010, 13 頁）。「自立活動の時間の指導」が若干多い結果ですが、「教育全般で指導」というのも多く実施されていることを示しています。教育活動全体を通じて行うという場合、知的障害特別支援学校ではどのような指導形態で実施されているかということを見なければなりません。学校教育法施行規則第 130 条の第 2 項では知的障害のある児童生徒を教育する場合、特に必要がある場合には、「各教科、道徳、外国語活動、特別活動及び自立活動の全部又は一部について、合わせて授業を行うことができる」とされています。いわゆる「各教科等を合わせた指導」で、日常生活の指導、あそびの指導、生活単元学習、作業学習として実施されています。必要な場合とされていますが、伝統的に教科別の指導よりも、日常生活の指導、あそびの指導、生活単元学習、作業学習として全国の知的障害特別支援学校において多く実施されています。国立特別支援教育総合研究所の「21 世紀の特殊教育に対応した教育課程の望ましいあり方に関する基礎的研究」（平成 13 ～ 15 年度）において実施された盲・聾・養護学校の教育課程調査から、知的障害養護学校における教育課程編成状況が明らかにされています。その中で抽出調査ですが、総授業時数における各教科、領域、総合的な学習の時間、「各教科等を合わせた指導」の授業時数の割合が示されています。「各教科等を合わせた指導」の割合が小学部 3 年で 69.5％、中学部で 57.8％、高等部3 年で 51.2％となっており、その割合がいかに高いか理解できるでしょう。つまり、知的障害特別支援学校において、学校の教育活動全体を通じて自立活動を行うこ

とが多いということは、「各教科等を合わせた指導」において実施されていることが多いことを示していると言えるでしょう。

（2）今日における教育活動全体と自立活動の指導

　2009（平成21）年改訂、2018（平成30）年改訂の特別支援学校学習指導要領総則においても、「自立活動の指導は・・・学校の教育活動全体を通じて適切に行うものとする。」とされ、「自立活動の時間における指導は，各教科，道徳，外国語活動，総合的な学習の時間及び特別活動と密接な関連を保ち，個々の児童又は生徒の障害の状態や発達の段階等を的確に把握して，適切な指導計画の下に行うよう配慮」すると記されています。

　知的障害特別支援学校においては、学校の教育活動全体を通して自立活動の指導が実施される場合、「各教科等を合わせた指導」の形態で行われることが多かったことをみてきました。

　しかし、今日では状況が変化してきたことを見ることができます。大井らが行った調査では、教育課程において自立活動の指導を週時程に位置づけているかどうか聞いたところ、「位置づけている」という回答は199校（61%）、「位置づけていない」が122校（37.4%）でした（大井他，2020，6頁）。そして、自立活動の指導を週時程に位置づけていないと回答した学校122校の自立活動の指導形態は、複数回答で「学校教育活動全体で実施している」が103校（64%）、「各教科等を合わせた指導で実施している」が41校（26%）、「教科別の指導で実施している」が12校（7%）となっています。以前は、「学校の教育活動全体を通じて」の内容は、「各教科等を合わせた指導」が多くを占めていましたが、この調査結果からは必ずしもそうではないことが読み取れます。「学校の教育活動全体を通じて」の中には、「各教科等を合わせた指導」を含んで実施している可能性もあります。しかし、「各教科等を合わせた指導」を実施している割合は、「学校の教育活動全体を通じて」実施いている割合をこえるまでにはなっていません。これは、自立活動の指導について、「自立活動の時間の指導」、「学校の教育活動全体を通じての指導」、「各教科等を合わせた指導」、「教科別の指導」に分けて指導する傾向が出てきていることを意味しているかもしれません。

　「学校の教育活動全体を通じての指導」を重視する対応がなされてきております。例えば、2019年に岡山県総合教育センターは「自立活動ハンドブック−知的障害のある児童生徒の指導のために−」Ver2を発行しています。その中で、自立活動の指導は「学校の教育活動全体を通じて」ということを基本において、「自立活動の時間における指導」、「各教科における指導」、「各教科等を合わせた指導」

を関連づけています。

　このように、「学校の教育活動全体を通じて」を基本におき「自立活動の時間における指導」、「各教科における指導」、「各教科等を合わせた指導」を関連づけて実施していくことは極めて重要なことです。例えば、ある A 知的障害特別支援学校では「自立活動の時間における指導」を教育課程に位置づけています。そして、「各教科における指導」、「各教科等を合わせた指導」においても自立活動の指導が実施されています。そして、「学校の教育活動全体を通じて」という観点を重視し、個々の児童生徒の自立活動の目標がトータルに実現できているかどうかが評価されることになります。また、ある B 特別支援学校では、「自立活動の時間における指導」が教育課程に位置づけられていません。「各教科における指導」、「各教科等を合わせた指導」において自立活動の指導が実施されます。「自立活動の時間における指導」が教育課程に位置づけられていないため、ともすると自立活動への取り組みがが十分でないことが考えられます。そのような場合、「学校の教育活動全体を通じて」を基本にすることにより、どの授業でどのような自立活動の指導を実施するか、全体として、個々の児童生徒の自立活動の課題にしっかり取り組めているかどうかを検討することができます。

【引用・参考文献】
大井靖・中西郁・日高浩一・岩井雄一・丹羽登・濱田豊彦・渡邉健治・蓮香美園・上地ひかり（2020）知的障害特別支援学校を対象にした「自立活動の時間における指導」についての研究, Journal of Inclusive Education Vol.9, 1-22 頁
全国特別支援学校長会（2019）令和元年度全国特別支援学校長会研究収録
国立特別支援教育総合研究所（2011）第 1 部　特別支援学校における新学習指導要領に基づいた教育課程編成−全国特別支援学校教育課程編成に係る実態調査−平成 22 〜 23 年度
三木安正（1972）「養護・訓練」について, 精神薄弱研究 161 号
宮崎直男（1981）精神薄弱児研究 2 月号
文部省（1971）特殊教育諸学校小学部・中学部学習指導要領, 慶応通信
文部省（1975）養護・訓練指導事例集　精神薄弱教育編, 慶応通信
文部省（1983）特殊教育諸学校学習指導要領解説　養護学校（精神薄弱教育）編
文部省（2000）盲学校、聾学校及び養護学校学習指導要領（平成 11 年 3 月）解説　総則等編
山本恵利子（2010）知的障害特別支援学校における自立活動の現状と今日的課題に関する研究：自立活動専任教員配置校への 調査を通して, Hirosaki University Repository for Academic Resources

第 2 章

知的障害特別支援学校の
自立活動の指導を
進めるために

指導の実践例の必要性

　知的障害のある児童生徒の自立活動を考える際に大切なことは、知的機能障害そのものの克服ではなく、障害による学習上又は生活上の困難を主体的に改善・克服するために必要な知識・技能・態度等を養う視点をもつことです。これは、特別支援学校の目的（学校教育法第72条）でもありますので、知的障害教育において自立活動の指導が重要であることは言うまでもありません。しかし、知的障害特別支援学校においては、専任教員の少なさなど、自立活動の位置づけが重視されているとは言いがたい現実があります。その原因は、前身の「養護・訓練」が新設された当時は、知的障害教育において「教科の基礎」と考えられていたものが、その後「発達の偏り」への対応、というように大きく変わり、「自立活動」と名称を変えた以降もそのままであることや、主障害である「発達の遅れ」に対する指導は、伝統的に「各教科等を合わせた指導」で行われてきたことなどによると思われます（本書第7章第1節を参照）。そのような中、自立活動の位置づけは現在も曖昧のままになっているのではないでしょうか。だからこそ、知的障害教育において「心身の調和的発達の基盤を培う」自立活動の重要性を改めて考えていく必要があります。そのために、知的障害特別支援学校において、自立活動の指導内容や方法を、児童生徒一人一人に応じた取り組みとして確立するよう努力、工夫をしながら発展させていくことが大切だと考え、指導の実践例を作成しました。

　一方で、「小学校及び中学校学習指導要領（平成29年告示）」の総則の「第4の2、特別な配慮を必要とする児童（生徒）への指導」において、特別支援学級では、学級の実態に応じて特別の教育課程を編成する場合、特別支援学校と同じ自立活動の指導が求められています。また通級における指導を行うに当たっても、自立活動の内容を参考にすることが求められています。これら小・中学校における自立活動の指導のモデルとなるためにも、特別支援学校における自立活動の実践例を示すことは、大変重要であると考えています。

2　指導の実践例の作成

（1）指導の形態

　自立活動の指導の実践例を作成していくに当たり、「自立活動の時間における指導」「各教科における指導」「各教科等を合わせた指導」の3つの指導の形態の事例が必要であると考えました。また、授業形態については、「個別指導（取り出し）」、「小集団」、「集団」のいずれなのかを明確に記述することや、「個別指導（取り出し）」、「小集団」、「集団」を組み合わせて指導する場合は、どのように組み合わせて指導するのかを明確に記述することにしました。一方、対象とする児童生徒については、「単一障害の学級に在籍する者」にしました。対象とする学部、学年では、特別支援学校では「小学部から高等部までの3学部」を網羅することに加えて、小中学校における「特別支援学級」と「通級による指導」の事例も必要であると考えました。しかし限りある紙面の中で、事例全体の分量に配慮して、特別支援学校の小学部では、「自立活動の時間における指導」を低学年、中学年、高学年、個別指導の4事例とし、「各教科における指導」を1事例、「各教科等を合わせた指導」を1事例というようにしました。その他、全体の構成については、以下の表1にまとめたとおりです。

表1　事例の全体構成

	自立活動の時間における指導	各教科における指導	各教科等を合わせた指導
小　学　部	4事例 （低・中・高・個）	1事例	1事例
中　学　部	1事例	1事例	1事例
高　等　部	1事例		
特別支援学級	1事例		
通級による指導	1事例		

　では次に、指導の実践例を作成するに当たり、様式として定めた各項目についての説明をしていきます。

（2）指導の実践例の各項目

1．本事例の概要

　児童生徒の学校生活での様子、成育歴や認知面、アセスメント結果、課題としている行動などを記載しました。できるだけ、児童生徒の全体像がイメージできるように意識しました。2.②の表3の「区分に応じた実態把握」の全体像、表4の「重点項目の設定」につながるようにしました。

2．個別の指導計画

①　実態把握

　「個別の指導計画」を立てる上で必要な児童生徒の情報を記載しました。特に、前所属機関や前学年から引き継がれている内容から、どのような指導が行われてきたのかを明らかにし、指導の手立ての参考にするようにしました（表2）。

表2　実態把握

① 　実態把握
　　就学相談資料や就学前機関による引き継ぎ資料、本校外部専門員（理学療法士・言語聴覚士）による所見を参考に、実態把握をしました。就学前記録には、「気持ちの葛藤が起こりやすい。不安になると大きな声で泣き出すことがある。別室で休息を取ることもあった」「姿勢保持、力加減や走るスピードの調整が難しい」等の記述がありました。
　　本校外部専門員の観察評価と助言には、「理学療法士➡歩行：足は内股でつま先をペタペタさせて歩く、階段昇降：下りは前につんのめるように降りるか、踵重心でドシドシと降りる。体の基盤となる骨盤帯、肩甲帯、股関節等を使う運動を取り入れるとよい。言語性が高いので、言葉で意識させることも効果的である」「言語聴覚士➡注意が転導しやすく、目に入った物や気になったことを話題する。言語面では、音韻発達の弱さと舌先音の構音障害が認められるため、舌を前後左右に動かすなどの模倣練習や復唱を行い、音韻発達を促していくとよい」とありました。

②　実態を自立活動の区分に則して整理し、指導の方針をたてる

　対象となる児童生徒の実態把握したものを自立活動の区分に応じて分類し、「区分に応じた実態把握」の欄に詳しく記載しました（表3）。

表3　区分に応じた実態把握

学部	小学部　　1年		障害名等		精神発達遅滞	
全体像	人懐っこい性格で、身近な大人と言葉でのやり取りを楽しむことができる。言語性発達と動作性の発達に偏りがあり、身体の動きや力加減の調整が難しく、操作を伴う活動に苦手感がある。できないことに不安定になったり、消極的になったりする様子がある。					
区分	健康の保持	心理的な安定	人間関係の形成	環境の把握	身体の動き	コミュニケーション
区分に応じた実態把握	概ね健康である。体温調節が難しく、汗をかきやすい。身体の動きの調整が難しいため、腰や足首を痛めやすい。	負の気持ちを整理したり、表現したりできず、大きな声で泣くことがある。外界の刺激に影響され、興奮してしまうことがある。	人への関心が高く、自ら身近な大人に話しかける。大人の促しを受けて友達と物の貸し借りができる。自ら関わることは少ないが、友達の様子をよく観察しており、話題にする。	外界の刺激（視覚・聴覚）に影響されやすく、注意が転導する。聴覚刺激に反応し、体に強い力が入ることがある。	歩く・走る・しゃがむ等の粗大運動は大まかにできるが、力加減やスピード調整が難しく、ぎこちない。内股である。つま先からペタペタ歩く。転びやすい。手元の注視や操作が難しい。	3語文での簡単なやり取りができる。音韻発達の未熟さから発音がやや不明瞭である。負の気持ちや要求を上手に表現できず、感情を爆発させてしまうことがある。

③　指導すべき課題の整理

　実態把握から課題（基礎課題）を抽出し、課題同士の関連を整理しました（図1）。

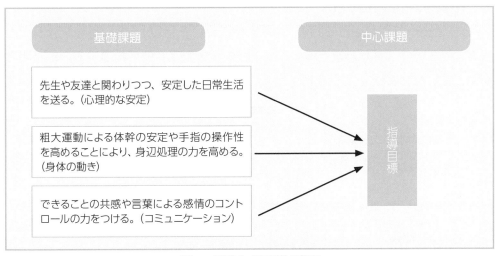

図1　指導すべき課題の整理

④ 学習上又は生活上の困難の視点から、重点項目を設定する

　対象となる児童生徒の知的機能障害による困難の視点から、区分の中の重点項目を設定し、表の「重点」の欄に「◎」や「○」で記載して中心的な課題を明らかにしました。複数の区分を関連づけて考えるようにしました（表4）。

表4　重点項目の設定

区分	健康の保持	心理的な安定	人間関係の形成	環境の把握	身体の動き	コミュニケーション
③ 課題の整理	・先生や友達と関わりつつ、安定した日常生活を送る。 ・粗大運動による体幹の安定や手指の操作性を高めることにより、身辺処理の力を高める。 ・できることの共感や言葉による感情のコントロールの力をつける。					
④ 重点		○			◎	◎

⑤ 指導目標の設定

　重点項目より「個別の指導計画」の指導目標（中心課題）を設定しました（表5）。

表5　指導目標（中心課題）

・身体の動き
　　粗大運動課題や微細運動課題に取り組み、着替えや荷物整理等の日常生活動作を獲得すること。
・コミュニケーション
　　絵本の読み聞かせや手遊びを通して、構音運動を調整する力を高める。
　　負の気持ちを教師とのやり取りを通して、言葉で整理できる機会を増やすこと。

⑥ 具体的な指導内容の設定

　「自立活動の時間における指導」「各教科における指導」「各教科等を合わせた指導」の3つの指導の形態それぞれで、どの区分を重点的に指導するのかを明らかにしました（表6）。

表6　具体的な指導内容

・自立活動の時間における指導
　　曲に合わせたいろいろな粗大運動やシール貼り、型はめ等の微細運動課題。
　　絵本の読み聞かせや手遊びを通して、舌を意識して動かしたり、言葉を復唱したりする課題。
・各教科等を合わせた指導（日常生活指導：着替え・荷物整理等、体育、音楽の楽器演奏、図画工作）
　　自立活動で取り組んだことと関連させながら、目標を段階的に達成していけるように指導内容を設定。

⑦　指導目標・指導内容・指導場面

（１）長期目標

児童生徒の１年間の指導の目標を設定しました（表７）。

表7　長期目標

・粗大運動課題や微細運動課題に取り組み、着替えや荷物整理等の日常生活動作を獲得することができる。
・絵本の読み聞かせや手遊びを通して、構音運動を調整する力を高めることができる。

（２）短期目標と指導内容

３か月〜６か月程度の期間の指導目標を、図や写真なども入れながら記載しました。また、その目標を達成するための具体的な指導場面を、「自立活動の時間における指導」「各教科における指導」「各教科等を合わせた指導」の指導の形態をそれぞれに設定しました（表8）。

表8　短期目標と具体的な指導内容

重点項目	身体の動き	コミュニケーション
短期指導目標	・高這いや手押し車、キャスターボード等の運動で体重を手で支えたり、重いものを運んだり、持ったりする粗大運動課題の取り組みや操作を伴う課題を通して、手指の操作性を高め、靴の着脱、リュックを背負う等ができる。	・発声や復唱の経験を通して、いろいろな舌の動きや口の動きができる。 ・気持ちの葛藤が起きた時に、明日はしよう、落ち着いたらしよう、○○君が終わったらしよう等、言葉で気持ちを整理して表現できる。
具体的な指導内容	・曲に合わせていろいろな身体の動きを経験する。	・手遊び、絵本の読み聞かせを通して、教師の言葉を復唱したり、いろいろな口の動きを模倣したりする。 ・復唱、笛やラッパ等、吹く楽器・玩具を使用して、口腔機能の発達を促す。
具体的な指導内容	・手指を使った操作を伴う活動をする。「プットイン」「型はめ」「シール貼り」「洗濯ばさみ」等	・タブレットPCで授業カードのスライドや活動写真を共有し、やり取りしながら、気持ちを言葉で整理したり、表出したりする。
具体的な指導場面	「自立活動の時間における指導」 「各教科における指導」 「各教科等を合わせた指導」	「自立活動の時間における指導」 「各教科における指導」 「各教科等を合わせた指導」

3　指導の展開

3－1　「自立活動」の指導内容・方法等

　3つの指導の形態における「自立活動」の指導内容の関係性と、3－2「学習指導案」へのつながりを図などで示しました。図や絵、写真などを使用して視覚的に分かりやすく、独創的に、また特徴が出るように工夫をして書き込みました。

3－2　学習指導案

　例示として、代表的な授業の1コマの指導案を作成しました。（1）「対象児童生徒の本時の目標」、（2）「対象児童生徒以外の自立活動の重点目標」を記載しました（表9・10）。

（1）対象児童生徒の本時の目標

表9　対象児童生徒の本時の目標

・キャスターボードに乗り、手を交互に動かしてこいで前進することができる。
・向きや加減を調節して、いろいろな形の具体物（磁石、ビー玉、鈴、コイン、ペグ）を入れ物に入れることができる。
・手遊びや曲に合わせて、舌を出したり、引っ込めたり、笛を吹いたりすることができる。

（2）対象児童生徒以外の自立活動の重点目標

表10　対象児童生徒の以外の自立活動の重点目標

A児：「心理的な安定」「人間関係の形成」
B児：「人間関係の形成」「環境把握」
C児：「人間関係の形成」「コミュニケーション」
D児：「人間関係の形成」「コミュニケーション」
E児：「心理的な安定」「コミュニケーション」

（3）本時の展開

「本時の展開」では、自立活動の指導項目を明示しました。また、「集団構成」「使用教材」については必ず記入するようにしました（表11）。

表11　本時の展開

	学習内容・学習活動	指導上の留意点・配慮事項 自立活動の指導項目	自立活動の指導のポイント 自立活動の指導項目
導入	●はじめの挨拶をする。 ① 手遊び ♪「おやつを食べよ」	曲に合わせて、めくり式カードをめくり、「いちごゴー」「パイナップルプルプル」等関連させた身振り模倣を促す。〈全員〉 人間・身体・コミュ	パイナップルプルプル（唇を震わす）、せんべいベー（舌を出したり引っ込めたり）等の模倣場面では、努力している様子が見られたら丁寧に評価する。 身体・コミュ
展開	② 吹く楽器表現 ♪「ラッパブギ」	曲が流れる中でミニラッパを吹く。実態に合わせて、「せーの」の合図の後に鳴らしたり、できるだけ長く鳴らし続けるように指示したりする。〈全員〉 人間・身体・コミュ	事前に「どのくらい長く吹けるかな？」と言葉をかけて目標を意識させる。「ブーーー」とラッパを吹いてほしい長さを音声と拍手で指示する。意識していたら即時評価する。 身体・コミュ

（4）配置図及び指導体制（指導案　活動①〜⑤と関連）※対象児童を 😊 で示す。

活動①②

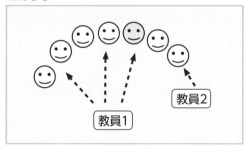

活動③

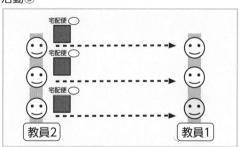

活動④

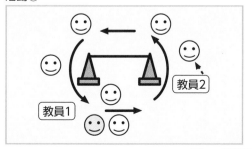

活動⑤

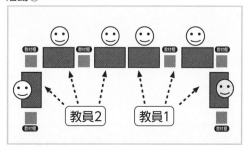

図2　配置図・指導体制

まとめ

　自立活動の指導目標の設定から、重点項目を意識した指導の展開の中での児童生徒の具体的な変化、それぞれの指導の形態間での相互作用などを通して、事例における成果と課題を記載しました。

【引用・参考文献】
文部科学省（2017）小学校学習指導要領（平成 29 年告示）
文部科学省（2017）中学校学習指導要領（平成 29 年告示）

第3章

知的障害特別支援学校小学部の
自立活動の指導の実践例

事例
1
特別支援学校小学部1年

体幹の安定や手指の操作性を高め、感情のコントロールの力をつける指導

1　本事例の概要

　本児は小学部1年生の児童で、精神運動発達遅滞と診断されています。就学前は地域保育所に通所し、民間療育機関を利用していました。太田ステージ評価では、Ⅲ－2段階で、KIDS（乳幼児発達スケール）では、総合発達年齢は2：0です。領域別に見ると、言語性領域は、理解言語3歳4か月、表出言語2歳2か月、概念3歳6か月、動作性領域では、運動1歳6か月、操作1歳5か月であり、言語性発達と動作性発達に偏りがあります。そのため、指示理解が良好で、いろいろな活動に意欲的に取り組むことが多いですが、図画工作等や日常生活の着替え等、操作を伴う活動では、思うようにできないと不安定になることが度々あります。休み時間は、ひも等を揺らしたり、歌絵本を聴いたり、教師と会話したりして過ごすことが多いです。

2　個別の指導計画

①　実態把握

　就学相談資料や就学前機関による引き継ぎ資料、本校外部専門員（理学療法士・言語聴覚士）による所見を参考に、実態把握をしました。就学前記録には、「気持ちの葛藤が起こりやすい、不安になると大きな声で泣き出すことがある。別室で休息を取ることもあった」「姿勢保持や、力加減や走るスピードの調整が難しい」

等の記述がありました。本校外部専門員の観察評価と助言に
は、「理学療法士➡歩行：足は内股でつま先をペタペタさせ
て歩く。階段昇降：下りは前につんのめるように降りるか、
踵重心でドシドシと降りる。体の基盤となる骨盤帯、肩甲帯、
股関節等を使う運動を取り入れるとよい。言語性が高いので、
言葉で意識させることも効果的である」「言語聴覚士➡注意
が転導しやすく、目に入った物や気になったことを話題にす
る。言語面では、音韻発達の弱さと舌先音の構音障害が認め
られるため、舌を前後左右に動かすなどの模倣練習や復唱を
行い、音韻発達を促していくとよい」とありました。

② 　実態を自立活動の区分に即して整理し、指導の方針をたてる

　実態を自立活動の６区分に即して整理しました。動作性の課題については、「身
体の動き」、音韻発達の弱さについては、「コミュニケーション」、気持ちの葛藤
が起きた時の気持ちの整理や思いの表出ついては「コミュニケーション」「心理
的な安定」の項目に整理しました。

③ 　指導すべき課題の整理

　対象児童の場合は、言語性や状況の理解度は高いが、体幹の保持や歩行等、運
動面に課題があり、操作性への苦手感意識や失敗経験から、心理的な不安定さが
生まれていると考えられます。そのため、「心理的安定」の目標達成のためには、
「身体の動き」「コミュニケーション」の項目にもアプローチすることが必要であ
ると考えました。実態把握から基礎課題を抽出し、課題同士の関連を整理しまし
た。

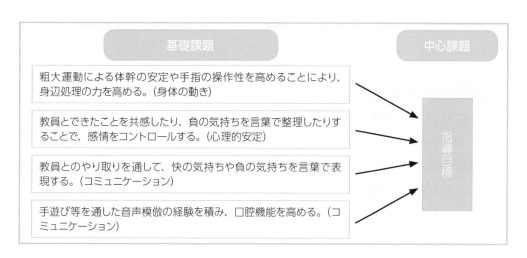

④　学習上又は生活上の困難の視点から、重点項目を設定する

　「身体の動き」と「コミュニケーション」を重点項目に定め、日常生活に必要な基本動作を獲得し、評価される経験を積み、自信をつけたり、気持ちの葛藤が起きた際に、気持ちを言葉で整理し、表現できるようになったりすることで「心理的な安定」の課題解決につなげるようにしました。

児童の実態把握と重点項目

学部	小学部　　1年		障害名等		精神発達遅滞	
全体像	人懐っこい性格で、身近な大人と言葉でのやり取りを楽しむことができる。言語性発達と動作性の発達に偏りがあり、身体の動きや力加減の調整が難しく、操作を伴う活動に苦手感がある。できないことに不安定になったり、消極的になったりする様子がある。					
区分	健康の保持	心理的な安定	人間関係の形成	環境の把握	身体の動き	コミュニケーション
区分に応じた実態把握	概ね健康である。体温調節が難しく、汗をかきやすい。身体の動きの調整が難しいため、腰や足首を痛めやすい。	負の気持ちを整理したり、表現したりできず、大きな声で泣くことがある。外界の刺激に影響され、興奮してしまうことがある。	人への関心が高く、自ら身近な大人に話しかける。大人の促しを受けて友達と物の貸し借りができる。自ら関わることは少ないが、友達の様子をよく観察しており、話題にする。	外界の刺激（視覚・聴覚）に影響されやすく、注意が転導する。聴覚刺激に反応し、体に強い力が入ることがある。	歩く・走る・しゃがむ等の粗大運動は大まかにできるが、力加減やスピード調整が難しく、ぎこちない。内股である。つま先からペタペタ歩く。転びやすい。手元の注視や操作が難しい。	3語文で簡単なやり取りができる。音韻発達の未熟さから発音がやや不明瞭である。負の気持ちや要求を上手に表現できず、感情を爆発させてしまうことがある。
課題の整理	・先生や友達と関わりつつ、安定した日常生活を送る。 ・粗大運動による体幹の安定や手指の操作性を高めることにより、身辺処理の力を高める。 ・できることの共感や言葉による感情のコントロールの力をつける。					
重点		○			◎	◎

⑤　指導目標の設定

　「身体の動き」の指導目標として、「粗大運動課題や微細運動課題に取り組み、着替えや荷物整理等の日常生活動作を獲得する」こと、「コミュニケーション」の指導目標として「絵本の読み聞かせや手遊びを通して、構音運動を調整する力を高める」「負の気持ちを教員とのやり取りを通して、言葉で整理できる機会を増やす」ことを指導の重点目標に設定しました。

⑥　具体的な指導内容の設定

　「自立活動の時間における指導」では、「曲に合わせたいろいろな粗大運動やシール貼り、型はめ等の微細運動課題」と「絵本の読み聞かせや手遊びを通して、舌を意識して動かしたり、言葉を復唱したりする課題」に取り組み、「各教科等を合わせた指導（日常生活指導：着替え・荷物整理等)」、「各教科における指導（体育、音楽の楽器演奏、図画工作)」では、自立活動で取り組んだことと関連させながら、目標を段階的に達成していけるように指導内容を設定しました。

⑦　指導目標・指導内容・指導場面

（１）長期目標

・粗大運動課題や微細運動課題に取り組み、着替えや荷物整理等の日常生活動作を獲得することができる。

・絵本の読み聞かせや手遊びを通して、構音運動を調整する力を高めることができる。

（２）短期目標と指導内容

重点項目	身体の動き	コミュニケーション
短期指導目標	・高這いや手押し車、キャスターボード等の運動で体重を手で支えたり、重いものを運んだり、持ったりする粗大運動課題の取り組みや操作を伴う課題を通して、手指の操作性を高め、靴の着脱、リュックを背負う等ができる。	・発声や復唱の経験を通して、いろいろな舌の動きや口の動きができる。 ・気持ちの葛藤が起きた時に、明日はしよう、落ち着いたらしよう、○○君が終わったらしよう等、言葉で気持ちを整理して表現できる。
具体的な指導内容	・曲に合わせていろいろな身体の動きを経験する。 ・手指を使った操作を伴う活動をする。「プットイン」「型はめ」「シール貼り」「洗濯ばさみ」等 	・手遊び、絵本の読み聞かせを通して、教員の言葉を復唱したり、いろいろな口の動きを模倣したりする。 ・復唱、笛やラッパ等、吹く楽器・玩具を使用して、口腔機能の発達を促す。 ・タブレットPCで授業カードのスライドや活動写真を共有し、やり取りしながら、気持ちを言葉で整理したり、表出したりする。
具体的な指導場面	「自立活動の時間における指導」 「各教科における指導」 「各教科等を合わせた指導」	「自立活動の時間における指導」 「各教科における指導」 「各教科等を合わせた指導」

3　指導の展開

3－1　「自立活動」の指導内容・方法等

　「自立活動の時間における指導」では、「身体の動き」と「コミュニケーション」に焦点を当て、日常生活に必要な基本動作の獲得を目指し、粗大運動課題や微細運動課題に取り組んだり、音韻発達を促すため、絵本の読み聞かせや手遊び、楽器を吹く等の活動を行ったりします。

　「各教科における指導」や「各教科等を合わせた指導」では、「身体の動き」の課題や自立活動の時間における指導の指導内容や目標と関連させながら、日常生活の着替えの指導や図画工作の操作的な活動、体育等に取り組んだり、「コミュニケーション」の目標達成に向け、音楽の歌唱や国語の言語表現の活動に取り組んだりします。「コミュニケーション」の課題、「気持ちの言葉での整理や表出」については、「心理的な安定」に整理した実態と関連させながら、日常生活の指導を通して指導します。

【自立活動の時間における指導】

指導内容

・手遊び、絵本の読み聞かせを通して、教員の言葉を復唱したり、いろいろな口の動きを模倣したりする。
・笛やラッパ等吹く楽器・玩具を使用して、口腔機能の発達を促す。
・曲に合わせていろいろな身体の動きを経験する。
・手指を使った操作性を伴う活動を行う。

具体的指導

○リトミック運動
・曲の変化に合わせて、前進、後進、しゃがむ、四つ這い前進・四つ這い後進、高這い、腕振り、跳ぶ等いろいろな粗大運動を行う。

○宅配便
・曲に合わせて、重い荷物を押したり、持ち上げて運んだりする。

○どうぶつになろう（あざらし、カエル）
・キャスターボードに乗って手でこぐ。キャスターボードに乗り、教員が引っ張る棒を離さないように握っておく。
・ミニハードルをまたいだり、跳んだりする。

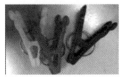

○プットイン、型はめ、シール貼り、
　洗濯バサミ等

・ストロー、コイン、いろいろな大きさのビー
　玉等方向調整や力加減の調整が必要なプッ
　トイン課題に取り組む。

・向きの調整が必要な型はめに取り組む。

・シールをはがす、貼るや洗濯バサミ等指先を使う活動に取り組む。

○絵本読み聞かせ、手遊び、吹く楽器・玩具の活動

・教員の読み聞かせに合わせて、名称や擬音語、掛け声を復唱する。

・曲に合わせて、笛やラッパ等口を使う楽器や玩具で表現する。

・手遊びに合わせて、いろいろな口の形、舌の動きを意識して表現する。

指導の経過

指導のステップ1： 入学当初は机上課題の集中が難しかったため、主として、興味関心の高い、絵本の読み聞かせや曲に合わせた動きのある活動「リトミック運動」「どうぶつになろう（ミニハードル）（あざらし）」を行い、実態に応じた机上課題を一つ行いました。「リトミック運動」は1～3種類ずつ増やしていきました。当初机上課題は洗濯バサミはずしを行いました。しかし、言葉掛けをしないと、動きが止まってしまうことが多かったため、こまめにできたことややろうとしていることを即時評価するようにしました。あざらしの活動は児童がキャスターボードをこぐのではなく、教員が引っぱる棒を持ち続けることでキャスターが動くようにして行いました。

指導のステップ2： リトミック運動はおよそ2週間経過するごとに1～3種類ずつ増やしていき、「前進→後進→四つ這い前進→四つ這い後進→高這い→おしり歩き→膝立ち歩き→しゃがむ立つ→しゃがみ歩き→しゃがむ跳ぶ→走る→腕ふり（左右・上下）→片足バランス→その場で軽く跳ぶ→寝転ぶ」まで大まかにできるようになりました。「どうぶつになろう」のあざらしの活動は、手でこぐ形に変化させました。「どうぶつになろう」の活動が上手になってきたため、新しく「宅配便」の活動を加え、曜日によって活動を変えました。宅配便は、実態に応じて荷物の重さを変えました。机上課題も4種類程度できるようになり、日によって差はありましたが、一定時間継続して取り組み、必要な時のみ「手伝ってください」「できました」等伝えることができるようになったため、曜日によって課題を入れ替え、型はめ、プットイン、洗濯バサミ、運筆等たくさんの種類の課題に取り組むことができるようにしました。

3－2 学習指導案

「区分：身体の動き、コミュニケーション」に重点を置いた自立活動の指導

（45分間／週3回）

（1）対象児童の本時の目標

・キャスターボードに乗り、手を交互に動かしてこいで前進することができる。

・向きや力加減を調整して、いろいろな形の具体物（磁石、ビー玉、鈴、コイン、ペグ）を入れ物に入れることができる。

・手遊びや曲に合わせて、舌を出したり、引っ込めたり、笛を吹いたりすることができる。

（2）その他の児童の自立活動の重点目標

A児：「心理的な安定」「人間関係の形成」

B児：「人間関係の形成」「環境の把握」

C児：「人間関係の形成」「コミュニケーション」

D児：「人間関係の形成」「コミュニケーション」

E児：「心理的な安定」「コミュニケーション」

（3）本時の展開

	学習内容・学習活動	指導上の留意点・配慮事項 自立活動の指導項目	自立活動の指導のポイント 自立活動の指導項目
導入	●はじめの挨拶をする。 ① 手遊び ♪「おやつを食べよ」	曲に合わせて、めくり式カードをめくり、「いちごゴー」「パイナップルプルプル」等関連させた身振り模倣を促す。〈全員〉 人間・身体・コミュ	パイナップルプルプル（唇を震わす）、せんべいべー（舌を出したり引っ込めたり）等の模倣場面では、努力している様子が見られたら丁寧に評価する。 身体・コミュ
展開	②吹く楽器表現 ♪「ラッパブギ」	曲が流れる中でミニラッパを吹く。実態に合わせて、「せーの」の合図の後に鳴らしたり、できるだけ長く鳴らし続けるように指示したりする。〈全員〉 人間・身体・コミュ	事前に「どれくらい長く吹けるかな？」と言葉をかけて目標を意識させる。「ブーーー」とラッパを吹いてほしい長さを音声と拍手で指示する。意識していたら即時評価する。 身体・コミュ
展開	③リトミック運動 「前進→後進→四つ這い前進→四つ這い後進→高這い→おしり歩き→膝立ち歩き→しゃがむ立つ→しゃがむ跳ぶ→走る→腕ふり（左右・上下）→片足バランス→その場で軽く跳ぶ→寝転ぶ」	モデルを示す。「うま」「らくだ」等動きを言語化して端的に伝える。必要に応じて意識してほしい身体の部位を伝える。〈全員〉 心理・人間・環境・身体・コミュ	高這い姿勢の時は、腰を少し支えて促す。 「四つ這い」の動きの前に、「手はパーね」と伝えたり、「跳ぶ」動きの前に、「その場で」と伝えたり、「寝転ぶ」動きの前に、「足伸ばす」等目標を意識させる。意識できている時に具体的に即時評価する。 身体

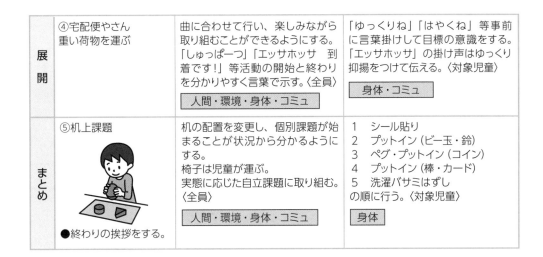

| 展開 | ④宅配便やさん 重い荷物を運ぶ | 曲に合わせて行い、楽しみながら取り組むことができるようにする。「しゅっぱーつ」「エッサホッサ　到着です！」等活動の開始と終わりを分かりやすく言葉で示す。〈全員〉 人間・環境・身体・コミュ | 「ゆっくりね」「はやくね」等事前に言葉掛けして目標の意識をする。「エッサホッサ」の掛け声はゆっくり抑揚をつけて伝える。〈対象児童〉 身体・コミュ |
| まとめ | ⑤机上課題 ●終わりの挨拶をする。 | 机の配置を変更し、個別課題が始まることが状況から分かるようにする。椅子は児童が運ぶ。実態に応じた自立課題に取り組む。〈全員〉 人間・環境・身体・コミュ | 1　シール貼り 2　プットイン（ビー玉・鈴） 3　ペグ・プットイン（コイン） 4　プットイン（棒・カード） 5　洗濯バサミはずし の順に行う。〈対象児童〉 身体 |

（4）配置図及び指導体制（指導案　活動①～⑤と関連）※対象児童を で示す。

活動①②

活動③
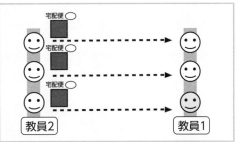

活動④
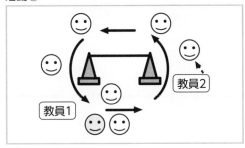

活動⑤
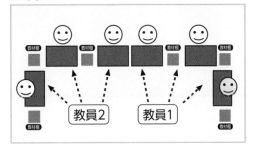

4　まとめ

　自立活動の項目「身体の動き」「コミュニケーション」を重点項目として目標を設定し、指導した結果、「身体の動き」については、自立活動の時間では、一人で高這い姿勢を保持し、前進できるようになったり、両足ジャンプでミニハードルを跳び越えることができるようになったりと新しい動きが獲得できました。

靴や衣服の着脱が椅子に座った状態であれば、一人でできるようになりました。リュックを背負ったり、リュックのバックルをはめたりすることもできるようになりました。以前は、「できない…」と不安定になったり、教員の支援を待つ様子が多かったが、自ら進めたり、「できました！」と報告する姿が増えました。

　微細運動については、当初は、型はめ等の方向調整が難しかったですが、いろいろな手指の操作性を伴う活動を行ったことで、2面パズルや台形等の型はめができるようになりました。入学当初は、国語・算数の机上課題では、操作性の難しさから、のりつきスチレンボードや木片を貼った厚みのある教材を使った課題や言葉でのやり取りを中心とした課題を行っていましたが、ラミネートされたマッチング教材が使用できるようになり、意欲的に数字や文字のマッチング課題に取り組むことができるようになりました。口腔機能や音韻発達については、明確な変容は見られませんが、授業では意欲的に笛やラッパを吹いたり、唇を震わせたり、舌を出したり、引いたりする活動に取り組むことができました。今後も継続して行いたいと思います。

事例
2

特別支援学校小学部1年

伝達意欲を高め、コミュニケーションの自発性を伸ばす指導（個別指導・取り出し）

1　本事例の概要

　本児は小学部１年生の児童で、知的障害、自閉スペクトラム症と診断されています。就学前は週３日療育機関に通園していました。太田ステージ評価では、Ⅰ－２段階で、KIDS（乳幼児発達スケール）では、総合発達年齢は１：６です。独り言を２～３音程度の単語で表出していますが、コミュニケーションとしての言語表出ではなく、自分ひとりで言葉遊びを楽しんでいる様子が見られます。周囲の物や人への興味は狭く、手のひらをひらひらとさせ、自分の世界で遊んでしまう自己刺激行動がしばしば見られます。課題に取り組む際、手を添えて取り組みを促すことを嫌がる様子も見られますが、ペンを握って支え、十分な筆圧で線を引くことはでき、手指の巧緻性は比較的高いと思われます。興味を示したことには自分なりに関わりますが、他者意識が低く、多くの場面で、指示理解が難しく提示したルールがなかなか入っていかないところが見られます。

2　個別の指導計画

①　実態把握

　就学前の療育機関からの引き継ぎ資料、担任の保護者からの聞き取り、外部専門員による発達検査の所見を参考に実態把握をしました。引き継ぎ資料には、「何度も名前を呼び、肩を叩いて注意を喚起すると振り向くことはありますが、共同注意はほとんどありません。他者意識が低く、指さしやアイコンタクトはとらず、視点が定まらないこともよくあります。見通しと異なる場合に不安定になることがあります。３項関係は好きな活動場面で成立していることがありました」等の記述がありました。担任の保護者からの聞き取りでは、「排泄は定時排尿で失敗することもほとんどないものの、興味が狭く、さらに本人の要求が分かりにくく

保護者が戸惑ってしまうこともしばしばある」という様子が確認されました。また、発達検査の所見には、「検査で取り組むことができた課題が限られていたが、チップ差しは一度検査者が実際にやってモデルを示すと、すぐに取り組み始め、スピードも速く正確に作業を行っていた。運動面での発達についても比較的よいことが見受けられた。言葉については表出言語が独特であり、気が向いたときにのみ発語している状態で、まだ有意味語を適切な状況で使用することはできていない。そうした点から言えば、要求や依頼などの語用指導の必要がある。（抜粋）」とありました。

② 実態を自立活動の区分に即して整理し、指導の方針をたてる

　興味の狭さを踏まえ、コミュニケーションの基礎的能力を高める必要性があること、また、言語の受容と表出に関わって、相手の意図を受け止めたり、自分の考えを伝えたりという他者意識を身に付ける必要性があることから、自立活動の6区分に即し、「コミュニケーション」「人間関係の形成」の項目に整理しました。

③ 指導すべき課題の整理

　児童の実態から、課題に取り組む際に手を添えて取り組みを促す支援を嫌がる様子は、相手の意図を受け止める等の他者意識の低さに課題があると考え「人間関係の形成」の区分に整理しました。また、独り言を2～3音程度の単語で表出していますが、コミュニケーションとしての言語表出ではないという実態については、コミュニケーション面での課題として「コミュニケーション」の区分に整理しました。

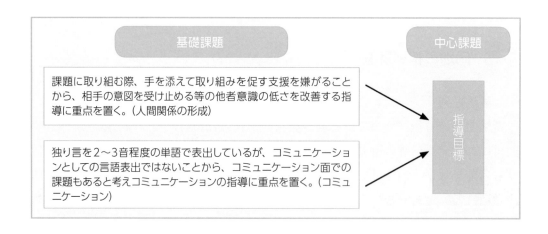

④　学習上又は生活上の困難の視点から、重点項目を設定する

「人間関係の形成」「コミュニケーション」を重点項目に定め、本人が興味をもつ課題を通し、人とのやり取りや、通じ合う楽しさを感じながら、他者との相互的やり取りの基礎的能力を高めることで、「心理的安定」「環境の把握」「身体の動き」の課題解決にもつながるのではないかと考えました。

児童の実態把握と重点項目

学部	小学部　1年		障害名等		知的障害	
全体像	穏やかな性格。独り言を表出しているが、コミュニケーションとしての言語表出ではなく、自分ひとりで言葉遊びを楽しんでいる様子が見られる。周囲の物や人への興味は狭く、手のひらをひらひらとさせ、自分の世界に遊んでしまう自己刺激行動がしばしば見られる。課題に取り組む際、手を添えて取り組みを促す支援を嫌がる様子が見られるが、ペンを握って支え、十分な筆圧で線を引くことはでき、手指の巧緻性は比較的高い。興味を示したことには自分なりに関わるものの、多くの場面で、指示の理解が難しく提示したルールがなかなか入っていかないところが見られる。					
区分	健康の保持	心理的な安定	人間関係の形成	環境の把握	身体の動き	コミュニケーション
区分に応じた実態把握	睡眠のリズムは安定し、健康である。偏食傾向があり、1週間程度の便秘がしばしばある。	穏やかに過ごしていることは多いものの、見通しと異なることがあると不安定になる。	人への関心は低く自分から関わることはほとんどないが、特定の友達の動きをたまに目で追うことがある。興味ある限られた活動においては、他者からの働きかけになんとか応える。	視覚、聴覚ともに機能的な問題はないと思われる。視覚的な手がかりが比較的有効であるものの、注視する力は弱い。	歩く・走る・しゃがむ等の粗大運動は概ね問題なく、手指の巧緻性は比較的高い。見本を模倣して体を動かすことは難しい。	3〜5音程度の単語を独り言で表出している。有意味語を適切な状況で使用することはほとんどできていない。
課題の整理	・課題に取り組む際、手を添えて取り組みを促す支援を嫌がることから、相手の意図を受け止める等の他者意識の低さを改善するの指導に重点を置く。 ・独り言を2〜3音程度の単語で表出しているが、コミュニケーションとしての言語表出ではないことから、コミュニケーション面での課題もあると考えコミュニケーションの指導に重点を置く。					
重点		○	◎	○	○	◎

⑤　指導目標の設定

「人間関係の形成」の指導目標として、「教員からの働きかけを受け止め、それに応じることができる場面が増える」こと、「コミュニケーション」の指導目標として「相手に注意喚起し、要求をことばで伝える」「身近にある物の名前を中心に語彙を増やす」ことを指導の重点目標に設定しました。

⑥　具体的な指導内容の設定

興味関心の狭さを踏まえ、簡単なルールのもと教員と一緒に協力して取り組む

（成立させる）課題（共同注意課題）を取り入れ、本児の他者意識を高めていけるようにし、その上でコミュニケーションの指導に取り組むことにしました。その際、他者からの指示が入りにくいため、本児の好んだ手遊び、おもちゃなどを用いて言語表出を促し、他者とのコミュニケーション行動を増やしていきたいと考えました。

⑦　指導目標・指導内容・指導場面

（1）長期目標

・教員からの働きかけを受け止め、それに応じることができる場面が増える。

・相手に注意喚起し、要求をことばで伝える。

・身近にある物の名前を中心に語彙を増やす。

（2）短期目標と指導内容

重点項目	身体の動き	コミュニケーション
短期指導目標	・簡単なルールのもと教員と一緒に協力して取り組む(成立させる) 課題(共同注意課題)を通し、本児の他者意識を高める。	・本人の好きなおもちゃ等を用いて物の名前の理解を図る。 ・本人の好きな遊び等を通し要求の言語表出を促す。
具体的な指導内容	・木製ビーズの模倣課題で教員が提示したビーズと同じものを選びとる。 ・木製ビーズの模倣課題で教員が提示したビーズと同じものを選び取り、紐に通していく。 	・好きな遊びをする前に教員の言葉を復唱しておもちゃや遊びの名称を言う。 ・本人の好きな手遊び、おもちゃ、絵本を一つ提示し、「せんせい」と注意喚起し、「やって」または「ちょうだい」と要求の言語表出を教員の言葉の復唱で言う。
具体的な指導場面	「自立活動の時間」 「学校生活全般」	「自立活動の時間」 「学校生活全般」

3　指導の展開

3−1　「自立活動」の指導内容・方法等

　「自立活動の時間における指導」では、「人間関係の形成」と「コミュニケーション」に焦点を当て、個別に取り出して取り組みます。机上課題に取り組む時間は

段階的に伸ばしていけるように年間計画を立てます。当初は５分程度から進め、徐々に時間を延ばしていきます。「人間関係の形成」の必要条件ともいえる教員とのラポートを図るため、当初は机上課題に取り組まない時間に本児の好きな遊びを一緒に楽しむ時間にします。十分に教員とのラポートを取り、この時間が本人にとって好きな時間になるようにすることがポイントになります。

　学校の教育活動全般では、個別指導の場面で力をつけてきたところをスモールステップで般化するようにすることも大切にします。登下校や給食場面など日常生活のルーティンにおいて繰り返し積み重ねられるようにすることは個別指導の補完的な効果を期待できると考えます。

【自立活動の時間における指導】

指導内容

・好きなあそびやおもちゃ等を用いて物の名前の理解を図る。
・好きな遊び等を通し要求の言語表出を促す。
・簡単なルールのもと教員と一緒に協力して取り組む課題（共同注意課題）を通し、本児の他者意識を高める。

具体的指導

○はじまるよ、ららら雑巾（手遊び・ふれあい遊び）
・児童が療育機関の時に好んでいた手遊びとふれあい遊びを取り上げる。本児にとって安心できる大人との活動時間になるよう進める。
・活動カードを提示し、教員の言葉の復唱で「せんせい」と注意喚起し、「やって」と要求の言語表出をするよう促す。活動中の本児の様子を丁寧に受け止め、楽しい気持ちに共感しながら２～３回繰り返す。

○電車であそぼう
・活動カードを提示し、教員の言葉の復唱で「せんせい」と注意喚起し、「のせて」と要求の言語表出をするよう促す。
・児童が箱車に乗り、教員がコースを引っ張って移動し遊ぶ。動き始めに「しゅぱつ」「しんこう（右手を上に突き上げる）」と教員の言葉を復唱する。活動中の本児の様子を丁寧に受け止め、楽しい気持ちに共感しながら２～３回繰り返す。

○せんせいとおべんきょう
・教員と机をはさんで対面で座り、形や色がそれぞれ違う５個の木製ビーズの中から教員が提示したものと同じビーズを選び取る課題に取り組む。ルールを理解してきたところで同じ手続きでビーズを紐に通す課題

も追加する。

○絵本読み聞かせ

・教員と机をはさんで対面で座り、読み聞かせを行う。

・児童の好きな絵本の中でも繰り返しフレーズがある作品を取り上げる。

指導の経過

指導のステップ1：週1回45分で設定しました。初回は緊張して入室し学習場面に臨みました。療育機関の時に好んでいた手遊びやふれあい遊びを取り入れたこと、1対1で本児の様子を受け止めながら進めたことで、手遊び中には比較的よく注目できていました。また、3回目には自分から入室し手遊びのカードを手に取っていました。この導入の時期には「はじまるよ（手遊び）」で学習がスタートし、好きな絵本の読み聞かせで終わるという流れを定着できるように進めていきました。少しずつ個別指導の時間が安心できる大人との学習の場になっていることを踏まえ、5月中旬から「せんせいとおべんきょう」（共同注意課題）を始めました。この指導を取り入れた日は、教員の提示したビーズを見ずに、自分からどんどん杭に刺していく様子が見られ、間違いを指摘しもう一度最初から行おうとすると不安定な様子を見せました。ビーズの数を減らし、少しずつ増やすことにしました。「教員がビーズを提示する→同じビーズを取るよう手を添えて支援する→お互いのビーズを照らし合わせ同じものであることを確認させる→一緒に左から杭に刺す」といった手続きで課題をすすめ、6月下旬にはルールを受け入れている様子が見られ始めました。

指導のステップ2：ルールを受け入れている様子が見られるようになり、教員が提示したビーズと同じものを選び取り、紐に通していく課題を9月から追加しました。当初は戸惑う姿も見られましたが、スムーズに課題に向かうことができました。加えて「赤」、「青」等、ビーズの色を声に出しながら課題を進めるようにすると、本児もそれに応えるようになってきました。この時期になると、絵本の読み聞かせでも変化が見られました。教員が次のページを読む前に間を置くと、次の言葉を言ったり、クレーンで早くページをめくってほしいと要求する姿が見られたりし、語頭音を支援すると「やって」と発語するようになってきました。

3－2　学習指導案

「区分：人間関係の形成、コミュニケーション」に重点を置いた自立活動の指導

（45分間／週1回）

（1）対象児童の本時の目標

・簡単なルールのもと教員と一緒に協力して取り組む共同注意課題を通し、本児

の他者意識を高める。

・好きなおもちゃ等を用いて物の名前の理解を図る。

・好きな遊び等を通し要求の言語表出を促す。

（2）本時の展開（個別指導・取り出し）

	学習内容・学習活動	指導上の留意点・配慮事項 自立活動の指導項目	自立活動の指導のポイント 自立活動の指導項目
導入	●入室し、着席する。 ①手遊び ♪「はじまるよ」	活動カードを提示し始める。教員が正面に視線の高さを合わせて座り、手遊びを始める。 人間・コミュ	本児の視線・表情を受け止め、共感的に進める。微細な模倣の姿を見逃さずに評価する。 人間・コミュ
展開	②ふれあい遊び ♪「ららら雑巾」	活動カードを提示し、教員の言葉の復唱で本児から「せんせい（教員の肩を叩く）」「やって」の表現を引き出した後遊ぶ。 人間・コミュ	もっと遊びたい気持ちを受け止め、語頭音の支援で要求表現を促す。表現が出ない時には即、復唱で促す。楽しい気持ちを損なわないよう、間を開けずに進める。 人間・コミュ
展開	③「電車で遊ぼう」	箱車を本児の前に移動し、教員の言葉の復唱で本児から「でんしゃ」「せんせい（教員の肩を叩く）」「のせて」「しゅっぱつ」「しんこう（右手を突き上げる）」の表現を引き出した後、BGM「せんろはつづくよどこまでも」をかけ、遊ぶ。 人間・コミュ	もっと遊びたい気持ちを受け止め、語頭音の支援で要求表現を促す。表現が出ない時には即、復唱で促す。楽しい気持ちを損なわないよう、間を開けずに進める。 人間・コミュ
展開	④机上課題 「せんせいとおべんきょう」	教員と机をはさんで対面して座る。「教員がビーズを提示する→同じビーズを取るよう手を添えて支援する→お互いのビーズを照らし合わせ同じものであることを確認させる」の手順で棒に刺す課題と紐通しをする課題に取り組む。 人間・コミュ	児童の視線から共同注意の様子を丁寧に把握し、手を添える支援をするかどうかを判断する。支援がなくてもできる場面が見られたら即評価する。色を言葉で伝えながら進めることで、色の名称の理解につなげる。 人間・コミュ
まとめ	⑤机上課題 「絵本の読み聞かせ」 終わりの挨拶をする。	教員と机をはさんで対面して座る。絵本は幼児の目の高さで教員が持ち読み聞かせをする。 人間・コミュ	児童の視線に注目して読み聞かせをする。繰り返しのある場面を読み聞かせる時は、児童の発語を待ったり、読み進め方のテンポを変えたりして期待感を高め要求表現につながるように工夫する。 人間・コミュ

（3）配置図及び指導体制（指導案　活動①〜⑤と関連）※対象児童をで示す。

活動①②（椅子のみ）、④⑤（机・椅子あり）

活動③

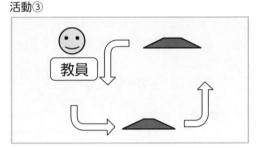

4 まとめ

　指示理解も難しく提示したルールがなかなか入っていかない事例でした。また、小学部1年生ということで学習に対する構えも無理なく身に付けていくことが大切と考えました。今回の指導事例のように「継続的に取り組む共同注意課題」を核に「本人の好きな活動」を組み合わせながら指導場面を構成していくことで学習場面に対し主体的に向かっていたと思われました。これは伝達意欲を高めるために必要なことでした。伝達意欲を高めることはコミュニケーションの力を伸ばす前提になります。また、核にした共同注意課題は、本児への負荷を調整し、課題の難易度を落としていくこと（ビーズの数を減らす等）も必要と判断しました。無理なく続け、今後も身に付けてきた相手を意識し模倣する力をさらに広げるという意味で、この判断が必要だったと考えています。

　本児は給食場面で、好きなメニューが出た際、担任の方を注目しクレーンで教員の手を動かし、その後、語頭音を支援すると「せんせい」「ちょうだい」と要求の表現が出ることが増えてきました。また、下校時にも正面に立って視線を合わせ、語頭音を支援すると「さようなら」と挨拶することはほぼ定着し、語頭音の支援がなくてもできるようにという段階に移りつつあります。

　今後、要求が通じる経験を重ね、新たに興味関心を広げ、伝達意欲を高めつつコミュニケーションの自発性を伸ばしていけるようにと考えています。

事例 3

動くことが苦手な児童への
自立活動の指導

1　本事例の概要

　本児は知的障害特別支援学校に在籍する小学部３年生で、ダウン症と診断を受けている児童です。就学前は障害児支援事業所に通所していました。太田ステージ評価では、Ｉ－２段階です。普段は穏やかに笑顔で過ごしますが、自分の要求が通らない時や見通しがもてない活動を行う時には、かたくなに動こうとせず、固まる時があります。

2　個別の指導計画

①　実態把握

　１年生の時の資料や、本校外部専門員の評価（小２、小３）を参考にして実態把握を行いました。家庭では、ベッドの上でiPadを見て過ごしていることが多いそうです。学校生活では、小１の時は、教室移動のある授業は友達と一緒には移動できなかったり、給食においても自分で決め事があり、教員を交代しないと食べられなかったりしたそうです。また、本児が嫌と感じたことや初めての経験となることにはかたくなに取り組まなかったようです。医療面では、視力矯正のために眼鏡の使用、肥満傾向に留意しています。発語は３年生になり、時々喃語を発するようになりました。日常生活においては、教員と一緒にトイレに行き、トイレ排泄をすることができます。衣服の着脱、食事の場面では自分でできることもありますが、教員の支援が必要です。自分から動くことは少なく、教員と一緒であれば走ったり、教具があれば適した動きが出たりすることもあります。

外部専門員の評価は、「視覚→情報をつなぎ合わせて判断する力、見る方向が変わっても同じ活動をしていると思考する力、他感覚の情報を統合して判断する力を伸ばす必要がある」「作業療法（OT）→ 初動の出にくさに関しては、筋緊張の低さ、右目の内斜視、伸展優位の姿勢であることに留意する必要がある。自分の重心を自分で外していく動きを学ぶサポートが必要。終点を示し、活動が「見て分かる」ようになっていると良い」「理学療法（PT）→ 重心を移動して戻す経験が少ないため、腰の部分を介助して上肢の動きを引き出す」と受けました。

② 実態を自立活動の区分に即して整理し、指導の方針をたてる

実態を6区分に即して整理します。「集団行動が難しい」「自分のルールで動く」ことについては、「人間関係の形成」と「環境の把握」に整理しました。「自分からの動き出しが少ない」「動き出すまでに時間がかかる」ことについては、「身体の動き」に整理しました。

③ 指導すべき課題の整理

児童の実態より、「集団行動に後れをとる」こと、「自分のルールで動く」ことに対しては、普段接している担任と一緒であれば活動できる回数が増えてきていることから、活動の見通しをもたせることと活動する相手との信頼関係が大切だと考えました。指導を行っていくに当たって、担任とは確実に一緒に活動できるようにし、一緒に活動する相手の幅を担任以外の教員やクラスの児童、と広げていけることを「人間関係の形成」の課題としました。また、見通しをもたせるために視覚支援を活用すること、児童が少しでも自分でアクションを起こせるように教材教具の置き方を工夫すること、動き出しを促すために背中を押すなどでのサインを使うことから「環境の把握」の区分に位置づけました。そして、身体を動かす経験がほとんどなく過ごしてきているので、教具を使った手足を動かす活動を取り入れる指導を行うことから「身体の動き」に位置づけました。

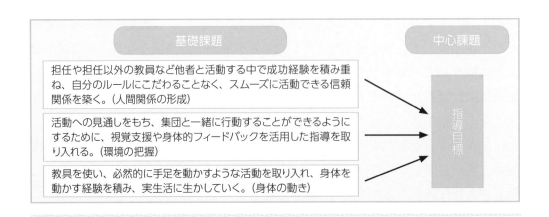

④　学習上又は生活上の困難の視点から、重点項目を設定する

　「人間関係の形成」と「環境の把握」「身体の動き」を重点項目に設定しました。学習内容を明確に示した上で、特定の教員と成功経験を多く積み、活動する人間関係を徐々に広げることで課題解決につながると考えました。また、自分からの動き出しがないことや肥満傾向にあることから、身体の動かし方を学べる機会を設定しました。

児童の実態把握と重点項目

学部	小学部　3年		障害名等		ダウン症	
概要	穏やかな性格で、普段はニコニコと笑顔で過ごすことが多い。自分からの動き出しはなく、自分が苦手だと感じていることや初めての経験になることには応じようとせず、その場に固まることがある。					
区分	健康の保持	心理的な安定	人間関係の形成	環境の把握	身体の動き	コミュニケーション
区分に応じた実態把握	生活リズムが安定しないことがある。衣服の着脱や食事、排泄は支援が必要。	自分の決め事や苦手だと感じたことには取り組まない。共感性が高いので、友達が怒られたり、泣いたりすると自分も泣く。	信頼している大人とはいろいろなことに取り組むことができる。友達に対しては普段の自分への関わり方で好き嫌いがある。	教員が出した手や呼びかけに応じようとする。見通しがもてると積極的に活動に取り組むことができるため視覚支援が必要。	自分から動き出すことはあまりない。基本的な動き（歩く、立つ、座る）も支援が必要。ダウン症特有の体幹の弱さがある。	喃語あり。気持ちの表現は難しいが、嫌なことには取り組まないことで意思表示する。大人からの話の内容は理解できる。
課題の整理	・自分のペースで動き、集団行動が難しい原因は、活動への見通しがもてないことや、失敗をしたくないという慎重さが原因だと考え、信頼できる相手と活動し、相手を増やしていく指導を行う。また、視覚支援を用いて活動を伝える。 ・身体を動かす経験が乏しいために初動に時間がかかったり自分からの動き出しが少ないと考え、体つくり運動を取り入れた指導に重点を置く。					
重点			◎	○	○	

⑤　指導目標の設定

　上記④で重点項目とした3区分より、他者との信頼関係を軸に様々な学習活動に取り組むことができることを目指して、指導目標を「人間関係の形成」では、「苦手に感じることには信頼できる教員と一緒に取り組む」、「環境の把握」においては、「視覚的手段を用いて活動の見通しをもつ」、「身体の動き」は、「身体の動きに即し、児童が興味をもつ遊具を使って、体幹を整える活動に取り組む」ことにしました。

⑥　具体的な指導内容の設定

　「自立活動の時間における指導」では「人間関係の形成」と「身体の動き」の指導、「各教科等の指導」では「人間関係の形成」と「環境の把握」の指導内容を設定しました。

⑦　指導目標・指導内容・指導場面

（１）長期目標

・視覚的手段を用いて活動の見通しをもち、一人で取り組む時間を確保しつつ、苦手に感じることには信頼できる教員と一緒に取り組む。

・児童が興味をもつ遊具を使って、体幹を鍛える活動に取り組む。

（２）短期目標と指導内容

重点項目	人間関係の形成	環境の把握	身体の動き
短期指導目標	・担任と一緒にいろいろな活動に参加する。 ・初めは嫌がっても、担任の促しで取り組もうとする姿が見られる。	・予定カードを提示することで活動に見通しをもつ。	・身体の動きに即した遊具を使っていろいろな身体の動きを身に付ける。
具体的な指導内容	・教員が初めに手本を見せる。 ・児童の実態に応じてゴールや達成点までいけるようなガイドを教員が行う。 ・達成できた際に、ハイタッチやハグなど触覚的フィードバックを利用して称賛する。	・どのような教具を使うのか、どのような学習をするのかを確認できる絵カードを用意する。 ・どの教員と一緒に取り組むのかを絵カードで伝える。	・トランポリンやボールプール、バルーン、ブロック渡りなどを通して、遊具の使い方を知り、様々な身体の使い方を学び、各教科等の指導の中で生かせるようにしていく。
指導場面	自立活動の時間における指導	各教科における指導	自立活動の時間における指導

3　指導の展開

3−1　「自立活動の時間」の指導内容・方法等

　「自立活動の時間における指導」では、人間関係の形成と身体の動きに焦点を当て、児童たちが「楽しい」と感じられる活動を見通しがもてるように提示します。教員や友達と一緒に動き、自然と体を動かしたり、特定の人物以外とも周回したりすることを促します。「各教科等の指導」では、信頼できる教員と一緒に

見通しをもって活動するようになることで最終的に児童の指導目標の達成につながると考えました。

【自立活動の時間における指導】

指導内容

・絵カードを見て、学習内容を確認する。

・いろいろな教具に応じて、様々な身体の動きを経験する。

具体的指導

　プレイルームでサーキット形式に配置された遊具で運動遊びをします。

　どのような順番なのかを写真カードで確認して順番に教員と一緒に取り組みます。「トランポリン→ブロック渡り→バランスボール→トンネルくぐり」の順で周回した後、児童たちが好きなボールプールの時間を設けます。

　ボールプールでは、ボールを衣服と児童の背中の間や腹部に入れたりして、ボディイメージの強化や背中に手を持っていくという非日常的な動きにもつなげます。

　活動内容への理解が不十分だと教員が感じた時は活動に慣れるまで教員と一緒に活動します。慣れてきた段階で一人で取り組む時間を設け、周回するごとにホワイトボードにはなまるカードを付けて、振り返りで活用します。

全体への支援

　サーキットを周回できるように言葉掛けをしたり、身体の動かし方が難しい場合には、初めは教員と一緒に取り組んだりします。「一人でできた」という成功経験につなげられる支援を心がけました。

本児への具体的な支援

　本児は、一人で動くことが難しい場合が多いので、教員の支援が必要となります。

　各種目、以下のような支援を行いました。

○トランポリン

（全身運動、平衡感覚、運動強度）

　胴を支えたり、手をつないだり、言葉掛けでジャンプを促したりするなど身体が跳ねることが実感できる支援を行いつつ、徐々に難易度を上げました。

○ブロック渡り（バランス力、空間認知力、ボディイメージ）

　児童が一人で進めるように支援をします。手をつないで次に足を置くブロックを担任が指でさして伝えたり、手すりになりそうなものを伝えたりしました。

○バランスボール（姿勢保持）

　胴を支え、座面が不安定な中でも揺れることができるような支援をしながら、徐々に一人でボールに乗る時間を設けました。

○トンネルくぐり（空間認知力、上肢の支持性、筋力効果）

　「児童の後ろから教員が追い、手足をどのように前に進めるのかを伝える」→「ゴール地点で教員が待ち、教員が名前を呼んで前進できるようにする」→「一人で進めそうな場合には終点に着いたら教員とハイタッチをする」という形でトンネルへの活動への見通しがもてる支援を行いました。

○ボールプール

　（ボディイメージ、肩まわりの柔軟性、コントロール力）

　教員も一緒に入り、ボールの中に身体が埋もれるような体験をしたり、服の袖にボールを入れて取り出したりするような遊びをしました。教員が介入しなくてもプールに入れるようになったら、友達同士で誘い合って入ったり、ボールを介して関わり遊びをしたりするように促しました。

3－2　学習指導案

「区分：人間関係の形成、身体の動き」に重点を置いた自立活動の時間における指導　※サーキットを行うため、身体の動きにも重点を置く指導にしています。

（45分間／週2回）

（1）対象児童の本時の目標

・活動に見通しをもち、指示されたことにすぐに取り掛かることができる。

・教員と一緒にサーキットを周回できる。

（2）　その他の児童の自立活動の重点目標

　　A児、H児、J児：「環境の把握」「身体の動き」

　　B児、C児、F児、I児：「心理的な安定」「環境の把握」

　　D児、K児、L児：「身体の動き」「コミュニケーション」

　　E児：「人間関係の形成」「環境の把握」

（３）本時の展開

	学習内容・学習活動	指導上の留意点・配慮事項 自立活動の指導項目	自立活動の指導のポイント 自立活動の指導項目
導入	①あいさつ ●学習内容の説明	絵カードを使用する。 環境	対象児童の手元にも小さいサイズの絵カードを用意して聞く。 環境
展開	②らーめん体操	手本は教員１が行い、他の教員は児童の指導をする。各児童が立つ位置をポジションマークで示す。 環境・身体	両足のポジションマークを用意し、直立し続けられるようにする。 環境・身体
	③「走って　あるいて」 （ランニング、ウォーキング）	ランニングとウォーキングを一定時間交互に行う。 ランニングとウォーキングで使用音楽を変える。ホワイトボードにイラストを貼り、動きの変化を感じられるようにする。 環境・身体	教員と手をつなぐ、または教員が対象児童の背中に手を添えて前に足が出るように支援する。 人間・身体
	④運動サーキット （トランポリン→ブロック渡り→バランスボール→トンネルくぐり） 立位からだんだんと腹ばいの状態になるような配置にする。	初めに写真カードでサーキットの順番を提示し、手本を教員１が行う。 トランポリンは教員と手をつなぐ。<Ｂ児、Ｊ児> ブロック渡りは窓のサッシや手すりを持ちながら前進できるように支援をする。<Ａ児、Ｂ児、Ｉ児、Ｊ児> バランスボールは教員が児童を支えながら10秒数える。<Ａ児、Ｂ児、Ｃ児、Ｉ児、Ｊ児、Ｋ児、Ｌ児> 心理・人間・環境・身体・コミュ 教員１は対象児童を中心に全体を見渡す。教員２はトランポリン、教員３はバランスボールを見守る。	活動説明の際には、手元にも小さいサイズの写真カードを用意して聞く。 環境 １周目は教員が付き添い、２周目以降は必要部分に付き添うようにする。トランポリンは教員と手をつなぐ。ブロック渡りは窓のサッシを持ちながら前進できるように支援をする。バランスボールは教員が児童を支えながら10秒数える。トンネルくぐりは出口で児童の名前を呼び、ゴールを見通せるようにする。 人間・環境・身体
	⑤ボールプールあそび	ボールプールを２基用意する。 各クラスでボールプールを使用する。 人間・身体・コミュ	児童の腹部や背中部分にボールを入れて、児童がボールを探すように促す。 人間・身体
まとめ	⑥振り返り ●あいさつ	活動ごとに iPad で撮影しておいた写真をインタラクティブボードで見ながら振り返る。 心理・環境・コミュ	大画面でなく、iPad を手元で見られる位置に座る。 環境

（4）集団構成

　普通・知的学級（２クラス）　児童 12 名　教員３名

（5）　配置図及び指導体制（指導案　活動①〜⑥と関連） ※対象児童を で示す。

活動①、②、⑥

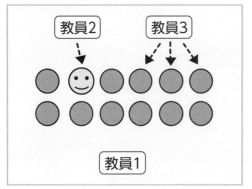

活動③

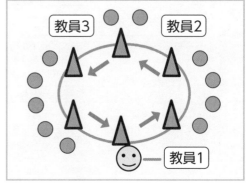

活動④

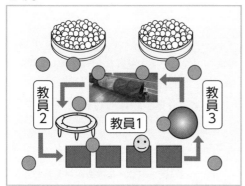

活動⑤

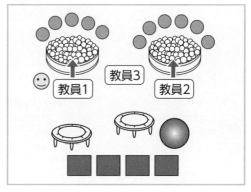

4　まとめ

　「人間関係の形成」「環境の把握」「身体の動き」を重点項目にして指導した結果、「環境の把握」の指導として、絵カードなどを使って学習内容の確認等、視覚支援への配慮を行ったことで、活動への見通しをもって活動することができるようになってきました。活動内容の一つとして、今回取り組んだサーキット運動は、「身体の動き」の指導として取り入れました。初めは、跳ねる感覚のトランポリン、不安定な座位になるバルーンには特に苦手感を示しましたが、担任が楽しそうに手本を見せたり、一緒に乗ったりすることで少しずつ自分から足を掛けたり、触ろうとしたりする場面が増えてきました。また、「身体の動き」をねらいつつ、モチベーション課題として取り入れたボールプールでは、対象児童が一番楽しみにしている活動だったこともあり、担任以外の教員と活動できるように

なった最初の種目となりました。サーキットを頑張れば楽しいことができるという期待感につながりながら、服の裾に入ったボールを取ろうとする活動によって、腕の可動域が広がりました。自立活動における指導の時間以外にも長時間関わる担任との信頼関係を軸に「人間関係の形成」を高め、「環境の把握」や「身体の動き」の指導にも取り組みました。現在、少しずつ児童の人間関係も広がってきているので、今後も継続して対象児童に必要な支援を行っていきます。

教科学習につなげる自立活動の指導

1 本事例の概要

　本児は知的障害特別支援学校小学部5年生の児童で、プラダー・ウィリー症候群の診断をされています。太田ステージ評価では、Ⅱ段階で、低学年の頃からこだわりが強く、自分の思い通りにならないことがあったり、他の人が泣いている声を聞いたりすると落ち着かなくなり、大きな声で泣いたり、物や壁に当たったりすることが多く見られます。また、障害の特性上、
食事制限が必要なのですが、周りの児童の給食に手を出してしまったり、残菜等に手を出してしまったりすることもあります。運動面では、動きのぎこちなさが見られ、模倣はほとんどなくボディイメージが乏しいように思われます。さらに自分から積極的に動くことは少なく、朝の運動では活動が滞ることが多くあります。休み時間には本児の好きな粘着テープをいじっているか、床でゴロゴロして過ごしていることが多いです。

2 個別の指導計画

① 実態把握

　これまでの引き継ぎ資料と本校外部専門員（言語聴覚士）による所見を参考に実態把握を行いました。引き継ぎ資料からは、「摂食に対して制限が難しい児童ということで、肥満傾向にあるので、給食での制限を徹底し、なるべく身体を動かす必要がある」「音楽が好きで、好きな音楽にのせて身体を動かしている時もある」「いろいろな場所でテープを剥がすことにこだわりがあり、止められたりすると怒る」等の記述がありました。また、外部専門員の所見では、「こだわりが強く、自分の思った通りにいかないとパニックになってしまったり、座り込みがあったりするので、教員の気持ちと本児の気持ちとの折り合いをつけていく必

要がある」ことが記載されています。そのためにも、本児との良好な関係を築き、教員の要求を受け入れることができる経験を増やしていくことが大切ではないかと考えました。

② 実態を自立活動の区分に即して整理し、指導の方針をたてる

　児童の実態を踏まえて、自立活動の６区分に即して整理をしました。肥満傾向にあることや運動面のぎこちなさについては、「健康の保持」「身体の動き」、教員の言葉掛けに応じないことについては、「人間関係の形成」「コミュニケーション」の項目に整理しました。

③ 指導すべき課題の整理

　児童の障害の特性上、食事制限が難しく、肥満傾向にある中で、体を動かすことに対して前向きに取り組めていない状況にあることが課題となります。その元々の原因としては、こだわりが強く、教員からの要求を受け入れることが困難であるということが考えられますので、「人間関係の形成」と「コミュニケーション」の区分に位置づけ、分かりやすい言語指示のもとで、関係を築いていく指導を重点に置くこととしました。また、教員からの要求を受け入れる経験が増えていくことで定期的な運動や身体の動かし方による指導にもつながっていくと考え、「健康の保持」「身体の動き」にも焦点を当てました。

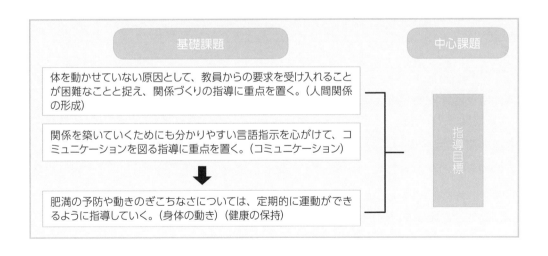

④ 学習上又は生活上の困難の視点から、重点項目を設定する

「人間関係の形成」に「コミュニケーション」を関連づけて指導し、教員からの要求を受け入れられるようになることで、定期的に体を動かす機会も増えて、運動習慣が整えられるのではないかと考え、「人間関係の形成」「コミュニケーション」「健康の保持」を重点項目に定めました。それに並行して、様々な運動を行うことで「身体の動き」につながるのではないかと考えました。特に「人間関係の形成」については、より重要な課題として捉えることにしました。

児童の実態把握と重点項目

学部	小学部　5年		障害名 疾患名等	プラダー・ウィリー症候群		
全体像	温和な性格で、友達と良好な関係を築くことができる。運動面に関しては、自分から積極的に体を動かすことは少なく、動きのぎこちなさも見られる。自分の好きなことに執着が見られ、それを止められたりすると不安定になることが多い。					
区分	健康の保持	心理的な安定	人間関係の形成	環境の把握	身体の動き	コミュニケーション
区分に応じた実態把握	食事制限が難しく、身体を動かす習慣がほとんどないため肥満傾向にある。 家庭では、睡眠が安定しなかったり、こだわりがあったりして、生活リズムが整いづらい。	自分の思い通りにならないことや物事を制止されるとパニックになり、大きな声で泣いたり、物を破壊したり、狭い所に入ったりしてしまう。	教員の指示は自分の意にそぐわないと行動に移ることが難しい。友達と一緒に活動する場面であれば、スムーズに活動できることがある。	他の人が泣いている声を聞くのが苦手なので、不安定な友達や泣きそうな友達に対しては敏感に反応する。ボディイメージが乏しく、模倣が苦手である。	歩いたり、走ったり、跳んだり、基本的な動作はできるが、姿勢保持や細かい動き、複雑な動きになると苦手な様子が見られる。全体的に動きのぎこちなさも目立つ。	2語文での簡単な要求は伝えることができるが、音韻発達の未熟さから発音が不明瞭である。嫌なこと等、自分の気持ちを伝えることが難しい。
重点	○		◎		○	○

⑤ 指導目標の設定

「人間関係の形成」と「コミュニケーション」の指導目標については、「教員の指示を聞き、自分から活動に取り掛かることができる」とし、「健康の保持」と「身体の動き」の指導目標については「定期的に運動する習慣を身に付け、様々な体の動かし方を経験する」としました。

⑥ 具体的な指導内容の設定

「自立活動の時間における指導」では、「教員の声掛けに合わせての身体活動」「ペアでの関わり遊び」「教員の指示で行う個別課題」等に取り組み、「各教科等を合わせた指導（日常生活の指導）」、「各教科における指導（国語、体育、音楽の身体表現）」では、自立活動で取り組んだことと関連させながら、目標を段階的に達成していけるように指導内容を設定しました。

⑦　指導目標・指導内容・指導場面

（１）長期目標

・教員の指示を聞き、自分から活動に取り掛かることができる。

・定期的に運動する習慣を身に付け、様々な体の動かし方を経験する。

（２）短期目標と指導内容

重点項目	人間関係の形成、コミュニケーション	健康の保持、身体の動き
短期指導目標	・教員と一緒に様々な動きを楽しむ。 ・教員の指示やタイミングで一緒に活動する。 ・曲が流れたら自分から身体を動かそうとする。 ・教員の指示を聞いて、課題に取り組む。	・定期的に体を動かす習慣を作る。 ・自分から新しい動きにチャレンジする。
具体的な指導内容	・教員や友達と掛け声に合わせて関わり遊びをする。「なべなべそこぬけ」等 ・曲が流れたら「歩く、跳ぶ、回る」等の声掛けに合わせて身体活動をする。 ・言葉の指示でイラストカードを取り、教員に渡す。もしくは指定の場所に置く。	・好きな曲を用いて自由にダンスをする。 ・準備体操や整理体操で簡単な動きから一緒に行う。
具体的な指導場面	「自立活動の時間における指導」 「各教科における指導（国語）」 「各教科等を合わせた指導（日常生活の指導）」	「各教科における指導（音楽、体育など）」

3　指導の展開

3－1　「自立活動」の指導内容・方法等

　「自立活動の時間における指導」では、児童の好みの行動様式をあらかじめ想定し、教員の指示で要求を受け入れられる経験を増やしていきます。また、遊びや好きな曲を取り入れながら身体を動かす活動を設定し、友達や教員と一緒に身体を動かすことのできるきっかけを作ることで関係を深めていきます。

　各教科等を合わせた指導では、「自立活動の時間における指導」の内容や目標と関連させながら指導に当たります。日常生活の指導では、着替えや荷物整理の際にできるだけ教員の言葉掛けの指示のみにして、見守る場面を増やすことで、対象児童の気持ちを尊重しながら関係を作っていきます《「人間関係の形成」》。そのために各教科における指導では、言葉でのやり取りが増やせるように、国語で言語理解の学習につながる活動を設定していきます《「コミュニケーション」》。

音楽では、ダンスなどの身体表現の活動を通して、自分から楽しんで身体を動かす経験を増やしていきます《「健康の保持」》。体育では、できるだけ友達と一緒に活動する場面での言葉掛けを大切にし、身体を動かすことが楽しいという気持ちを育みながら様々な運動種目に取り組み、身体の動かし方の習得や運動習慣の定着につなげていきます《「身体の動き」「健康の保持」》。

【自立活動の時間における指導】

指導内容

・教員や友達と掛け声に合わせて関わり遊びをする。
・曲が流れたら「歩く、跳ぶ、回る」等の声掛けに合わせて身体活動をする。
・言葉の指示でイラストカードを取り、教員に渡す。
・パズル、型はめ等の課題を教員が一つずつ手渡し、教員のペースで進める。

具体的指導

○ひこうきーん（関わり遊び）

・教員もしくは友達とペアになり、手をつないで掛け声（「とべ とべ ひこうきーん！」）に合わせて手をゆらし、片足立ちをし、そのまま 10 カウントする。

○リトミック運動

・児童が好きな曲を流している間、歩く、跳ぶ、回るなどで身体を動かす。
・教員が「あるく」「とぶ」「まわる」などの指示を出して行う。

○カードをさがそう

・教員が言葉の指示で伝えたイラストカードを手元もしくは離れたところにある複数のカードから取ってくる。

○個別課題（パズル、型はめ）

・2〜4ピースのパズルを1ピースずつ手渡し、完成させるようにする。
・型はめも同様に一つずつ手渡すが、時折、本児の教員への要求を引き出すために、すぐに渡さないようにして関わりを増やすようにする。

指導の経過

指導のステップ1：指導の始めは、「ひこうきーん」や「個別課題」などの教員と取り組む活動に対しては消極的であったため、「ひこうきーん」は友達と一緒に取り組むことにしました。みんなで取り組んでいる活動に関しては、比較的スムーズにできていました。「リトミック運動」は、好きな曲ということもあり、気持ちが高揚し、自由に身体を動かす様子が見られました。ただ、楽しい様子が見られたので、初めのうちは教員の指示で身体を動かすという指導は控えめに行いました。「カードをさがそう」は、手元に並べられたカード、2～3種類のイラストから指示されたものを選び取るようにしました。好きな食べ物のカードを用いることで積極的に行うことができていました。

指導のステップ2：日々の学級活動の中からも教員との関係が築けてきたことから、「ひこうきーん」は教員と行うことができるようになり、自分から掛け声を発することもありました。「個別学習」はやることが分かってくると教員の指示を聞いてから取り組めるようになってきました。パズルは2ピースのものを数種類準備し、繰り返し取り組みました。「リトミック運動」は「歩く」「跳ぶ」「回る」の中から1種目のみから行い、徐々に2種目、3種目にしていくことで、少しずつ言葉の指示で動けるようになっていきました。

3－2　学習指導案

「区分：人間関係の形成、コミュニケーション」に重点を置いた自立活動の指導

（45分間／週1回）

（1）対象児童の本時の目標

・教員と一緒に身体活動を楽しむ。

・教員の言葉での指示で活動を行う。

（2）その他の児童の自立活動の重点目標

　A児：「人間関係の形成」「身体の動き」

　B児：「人間関係の形成」「環境の把握」

　C児：「身体の動き」「コミュニケーション」

　D児：「身体の動き」「人間関係の形成」

　E児：「人間関係の形成」「コミュニケーション」

（3）本時の展開

	学習内容・学習活動	指導上の留意点・配慮事項 自立活動の指導項目	自立活動の指導のポイント 自立活動の指導項目
導入	○はじめの挨拶をする。 ○活動内容を知る。	・教員に注目できていることを確認する。〈全員〉 ・分かりやすくイラストを提示する。〈全員〉 人間・環境・コミュ	教員に注目できていない時は言葉掛けして、注目したことを確認してから始める。〈全員〉 人間
展開1	①ひこうきーん ペアで関わり遊びを行う。	友達もしくは教員と行い、みんなで掛け声とカウントを唱えることを伝える。〈全員〉 できるだけ片足で耐えるように言葉掛けする。〈全員〉 人間・身体・コミュ	教員と行い、片足立ちが成功するようにしっかりと支えるようにして成功体験をさせる。〈対象児童〉 人間
展開2	②リトミック運動 曲が流れている間は身体を動かす。	「跳ぶ→歩く→回る」の掛け声をはっきりと伝え、必要に応じて隣で動きを示すようにする。〈全員〉 環境・身体・コミュ 	お気に入りの曲を用いて楽しく活動できるようにする。〈対象児童〉 分かりやすくはっきりと掛け声を伝える。〈対象児童〉 人間
展開3	③カードをさがそう 教員に指示されたカードを持ってくる。	児童に伝わるようにはっきりと伝える。〈全員〉 実態に応じて持ってきたカードをみんなの前で発表する活動を入れる。〈全員〉 人間・環境・コミュ	2〜3回、繰り返して伝え、自分でも言って確認させてから取るように指示する。〈全員〉 分かりやすく、身近なカードを伝えるようにする。〈対象児童〉 人間・コミュ
展開4	④個別課題 各児童の実態に沿った課題を行う。	できるだけ一人でできる課題にして成功体験を積むようにする。〈全員〉 人間・環境・身体・コミュ	パズル：4ピースのものに取り組み、分かりやすい部分のピースから手渡すようにする。〈対象児童〉 型はめ：すぐに渡さず要求があってから渡すようにする。〈対象児童〉 人間・コミュ
まとめ	○本時の振り返りをする。 ○終わりの挨拶をする。	・次時に向けて気持ちが高まる言葉掛けを行う。 ・教員に注目できていることを確認する。〈全員〉 人間・環境・コミュ	教員に注目できていない時は言葉掛けをして、注目したことを確認してから始める。〈全員〉 人間

（４）配置図及び指導体制（指導案　活動①〜④と関連）　※対象児童を😊で示す。

活動①

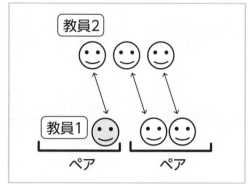

活動②

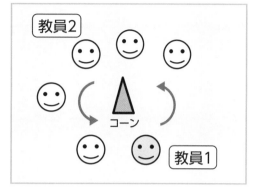

活動③

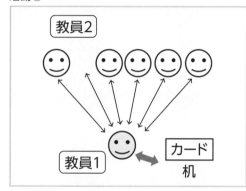

活動④

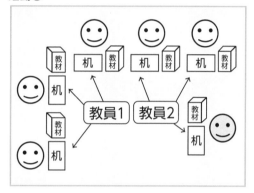

4　まとめ

　「自立活動の時間における指導」において、「人間関係の形成」と「コミュニケーション」に重点を置いて指導してきた結果、教員と徐々に意思疎通がとれるようになり、教員の言葉掛けで動けることが増えました。時折、自分の意にそぐわないこともありますが、我慢している場面や感情的になっても短い時間で落ち着けるようになってきました。教員の要求を受け入れられるようになってきたことで、関わり遊びやリトミック運動も自分から行うことのできる場面が増えてきました。また、体育の学習では新しい活動に自然と取り組む様子が見られたり、朝の運動の周回走では周りの児童の流れに乗って走っていたりと、少しずつ運動をする習慣ができてきたように感じます。「身体の動き」の課題である動きのぎこちなさはまだありますが、身体を動かすことが少しずつ楽しめるようになってきて

いるので、今後も楽しみながら様々な運動を経験していくことで改善していくのではないかと考えています。引き続き、「人間関係の形成」と「コミュニケーション」を深めながら、「健康の保持」や「身体の動き」の課題に向かっていければと思います。

第2節 小学部の各教科における
自立活動の指導

事例

5 特別支援学校小学部2年

物を投げる、唾を吐く、叩くなどの
コミュニケーション手段が課題となる
児童への指導

1 本事例の概要

　本児は小学部2年生の児童です。ダウン症があり、太田ステージ評価ではⅠ－
2段階（感覚運動期の第4段階　8－12か月、触って分かる世界）です。「新版
K式」等の発達検査は行っていません。就学前は幼稚園、子供発達センター、民
間療育機関を利用していました。弱視で眼鏡を使用しています。明確な言語表出
はありませんが、音楽に合わせて発声している時があります。写真カードで好き
なものを要求することができる時もあります。日常生活では、定時でトイレ排泄
をすることができます。衣服の着脱、食事は教員の支援が必要です。衝動的に走
ることがあります。膝を曲げることが難しいです。興奮すると、周囲の物を投げ
たり、地面に寝転んだりします。

2 個別の指導計画

① 実態把握

　まずは、学校で引き継がれている資料から実態を把握しました。1年生の時に
つくられた「個別の教育支援計画」や「個別の指導計画」、幼稚園が作成した「就
学支援シート」などです。また1年次の担任より聞き取りを行い、児童への指導
の手立てを知ることで、具体的な指導の方針の参考にしました。

それによると、小１の時は、児童の周囲のものを減らし、物を投げる前に教員が受け取るなどしていました。教員との１対１での活動がほとんどでした。友達の泣く声に反応して耳をふさぐ様子が見られ、他人の顔に向かって唾を吐いたり、叩いたり、蹴ったりするなどの行動がありますが、できるだけ事前に手を握って叩くのを止めていました。

医療面では、内斜視があり、注目が一定にならず、どのような見え方をしているのか分かりません。眼鏡を使用していない時の方が集中している時もあり、注目が一定にならない、ということでした。

② 実態を自立活動の区分に即して整理し、指導の方針をたてる

児童の実態を自立活動の６区分に即して整理しました。特に「他人の顔に向かって唾を吐いたり、叩いたり、蹴ったり」などの不適切な行動については、「心理的な安定」と「コミュニケーション」に整理しました。また、内斜視による視覚認知の弱さは「環境の把握」に整理しました。

③ 指導すべき課題の整理

児童の実態からは、「他人の顔に向かって唾を吐いたり、叩いたり、蹴ったりするなどの行動がある」という行動面での課題がありますが、その直接の原因が「興奮する」ことにあると考え、「心理的な安定」の区分に位置づけ、情動面での指導に重点を置くことにしました。また、「写真カードで好きなものを要求することができる時もある」ということから、「顔に向かって唾を吐いたり、叩いたりする」という不適切な行動は「コミュニケーション」での課題でもあると考えました。さらに内斜視による視覚認知の弱さを、「環境の把握」に位置づけました。

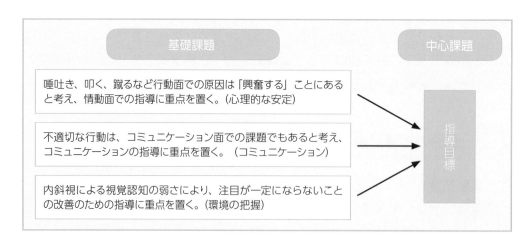

④　学習上又は生活上の困難の視点から、重点項目を設定する

　①から③において、児童の実態から指導すべき課題の整理を行った結果、「心理的な安定」「コミュニケーション」「環境の把握」を相互に関連づけることが必要と考え、それぞれを重点項目としました。特に「心理的な安定」と「コミュニケーション」については「◎」とし、より中心的な課題と考えました。

児童の実態把握と重点項目

学部	小学部　2年		障害名 疾患名等	ダウン症		
全体像	就学前は、幼稚園、子供発達センター、民間療育機関に通う。眼鏡を使用していない時の方が集中している時もあり、注目が一定にならず、どのような見え方をしているのか分からない。他人の顔に向かって唾を吐いたり、叩いたり、蹴ったりするなどの行動がある。					
区分	健康の保持	心理的な安定	人間関係の形成	環境の把握	身体の動き	コミュニケーション
区分に応じた実態把握	定時でトイレ排泄をすることができる。衣服の着脱、食事は教員の支援が必要。	興奮すると、周囲の物を投げたり、地面に寝転んだりする。太田ステージ評価は、I-2（感覚運動期ー第4段階　8-12か月）、触って分かる世界）	教員との1対1での活動がほとんどである。友達の泣く声に反応して耳をふさぐ様子が見られる。	明確な言語表出はないが、音楽に合わせて発声している時がある。内斜視があり、注目が一定にならず、どのような見え方をしているのか分からない。	衝動的に走ることがある。膝を曲げることが難しい。	写真カードで好きなものを要求することができる時もある。顔に向かって唾を吐いたり、叩いたりする。
課題の整理	・唾吐き、叩く、蹴るなど行動面での原因は「興奮する」ことにあると考え、情動面での指導に重点を置く。 ・不適切な行動は、コミュニケーション面での課題でもあると考え、コミュニケーションの指導に重点を置く。 ・内斜視による視覚認知の弱さにより、注目が一定にならないことの改善のための指導に重点を置く。					
重点		◎		○		◎

⑤　指導目標の設定

　上記④で重点項目とした3区分より、まずは情動面への指導に重点を置き、応答的な関わりで指導者との良好な関係性を築くことを目指して、指導目標を「物を投げる、唾を吐く、叩くなどのコミュニケーション手段を軽減し、活動に集中できるようになる。（コミュニケーション手段が整理され、周囲の環境を意識し、調整力を高める）」としました。

⑥　具体的な指導内容の設定

　小2の4月当初の指導内容として、「自立活動の時間における指導」では「環

境の把握」と「コミュニケーション」の指導、「各教科における指導」では「心理的な安定」と「コミュニケーション」の指導、「学校の教育活動全体」では「環境の把握」の指導を行うこととしました。

⑦　指導目標・指導内容・指導場面

（1）長期目標

・物に興味をもち、注目して見られるようになる。

・物を投げる、唾を吐く、叩くなどのコミュニケーション手段を軽減し、活動に集中できるようになる。

・自分の思いや要求を、動作や写真カードなどを使って、相手に伝えることができるようになる。

（2）短期目標と指導内容

重点項目	心理的な安定	環境の把握	コミュニケーション
短期指導目標	・大きな音などで興奮した時や、活動場面の切り替え時に、人を叩くなどしないでいられる。 ・活動場面の切り替えで、興奮して叩いたりしないでいられる。	・自分の椅子に座って授業が受けられるようになる。	・教員との関係性の中から物に興味をもち、注目して見られるようになる。 ・興奮した時に、固有覚への刺激によって早く安定した状態になれる。
具体的な指導内容	・音楽に合わせて、いろいろな動きをする。 ・友達や教員とペアになって、曲に合わせて手をつないだり、離したりする動きをする。 ・「うるさい」と感じた時には、絵カードやサインで教員に伝える。 ・場面の切り替えで動きをゆっくりにするなどのクールダウンを設ける。	・自分の椅子が分かるように、写真と名前を椅子の背に貼っておく。 ・教員の動作を注視できるように、児童の正面に座るようにし、教員のことを注視させる。	・教員が様々な関わりの中から眼鏡によって見え方が違うことに気付かせ、集中する時は眼鏡をかけるようにする。5～10センチくらいの近い距離で見る練習をする。手が目を誘導するような協応動作をさせる課題を行う（リング抜きやスライディングブロック等）。外部専門員（視覚担当）の評価を随時受ける。 ・抱きしめて体を圧迫するほか、頭頂部や頸部を支えて圧迫する刺激など、いろいろな方法を体験させ、児童が安定しやすいものを見つける。
具体的な指導場面	「各教科における指導（音楽）」	「学校の教育活動全体」	「自立活動の時間における指導」

3 指導の展開

3－1　「各教科における指導（音楽）」の指導内容・方法等

前項⑦（2）で示したように、自立活動の指導の重点項目と短期目標に対し、「自立活動の時間における指導」では、環境の把握とコミュニケーションに焦点を当て、「各教科における指導」では心理的安定とコミュニケーションに重点を置き、「学校の教育活動全体（日常生活の指導、休み時間、給食等）での指導」では、環境の把握に留意した展開を設定し、それらが総合的に働くことで、最終的に児童の指導目標の達成につながると考えました。特に、ここでは「各教科における指導（音楽）」の授業においての展開を以下のようにまとめました。

【指導内容】

・大きな音などで興奮しても、人を叩くなどしない。

【具体的指導】

　あらかじめ分かっている大きな音の出る場面では、絵カードやサインなどで児童にあらかじめ予告しておく。「うるさかった」という児童の気持ちを、教員が言葉として代弁し、気持ちを共有する。「うるさい」と感じた時には、絵カードやサインで教員に伝えることを教える。

【指導内容】

・活動場面の切り替えで、興奮して叩いたりしないようにする。

【具体的指導】

　テンポが速い場面では特に興奮するので、場面の切り替えで動きをゆっくりにするなどのクールダウンを設け、急激な変化を避ける。

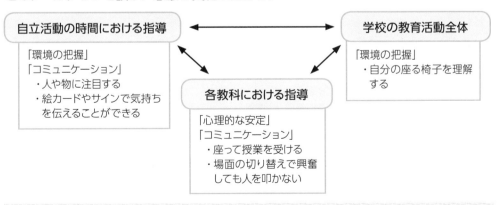

3－2　学習指導案

「区分：心理的な安定、コミュニケーション」に重点を置いた教科別での自立活動の指導～「音楽（リトミック）」の指導～（45分間／週1回）

（1）対象児童の本時の目標

・大きな音などで興奮しても、人を叩いたりしないで過ごせる。

・活動場面の切り替え時に、人を叩かないでいられる。

（2）その他の児童の自立活動の重点目標

　A児：「人間関係の形成」「身体の動き」

　B児：「人間関係の形成」「コミュニケーション」

（3）本時の展開

	学習内容・学習活動	指導上の留意点・配慮事項 自立活動の指導項目	自立活動の指導のポイント 自立活動の指導項目
導入	・プレイルーム内の決められた自分の椅子に座る。 ・はじまりのあいさつを行う。	・対象児童を3人の中心にして教員1の正面に座るようにする。 <対象児童> ・自分の椅子が分かるように、写真と名前を椅子の背に貼っておく。<全員> ・教員の動作を注視できるように、正面に座るようにする。 <対象児童> 環境	・写真を5～10センチくらいの近い距離で見て、確認させる。 <対象児童> 環境
展開	・音楽に合わせて、いろいろな動きをする。（5分×3曲）<全員> ・曲の合間でクールダウンを行う。静かな曲を流し、児童の自主性にまかせて、座ったり、寝転んだりする。（3分×3曲）<全員> ・友達や教員とペアになって、曲に合わせて手をつないだり、離し	・床に楕円のラインを貼り、移動の目安とする。<全員> ・対象児は教員1と1対1、他の児童は教員2の支援を受ける。 <対象児童、その他> ・児童と児童の間に教員が入り示範できるようにする。<全員> コミュ ・曲の合間では、教員が共にクールダウンを行い、関係性の中からリラックスすることを体験させ、次の活動の活力とする。 <全員> 心理	・あらかじめ分かっている大きな音の出る場面では、絵カードやサインなどで児童に予告しておく。 <対象児童> コミュ ・「うるさかった」という児童の気持ちを、教員が言葉として代弁し、気持ちを共有する。「うるさい」と感じた時には、サインで教員に伝えることを教える。<対象児童> コミュ ・心身ともにリラックスする感覚を体験させ、場面の切り替えがスムーズにできるようにする。<全員> 心理 ・テンポが速い場面では特に興奮するので、場面の切り替えで動きをゆっくりにするなどのクールダウンを設け、急激な変化を避ける。 <対象児童> 心理

	たりする動きをする。（ダンスの要素を取り入れる）（6分）＜全員＞	・日常からの児童同士の関係を考慮し、近づきすぎたり、心理的に避けている児童のペアはつくらないようにする。友達とのペアがまだ難しい児童は、教員が相手になる。＜全員＞ 心理	
ま と め	・プレイルーム内の決められた自分の椅子に座る。 ・おわりのあいさつを行う。	・対象児童を３人の中心にして教員1の正面に座るようにする。＜対象児童＞ 環境	・写真を5〜10センチくらいの近い距離で見て、確認させる。＜対象児童＞ 環境

（4）集団構成　3人の小集団（導入 / まとめ）←→　個別指導（展開）

　※同じ学級の児童3名　※対象児童を 😊 で示す。

活動①

（5）使用教材

・リトミック用の音源

・音量や音域、スピードを変化させることができる再生機

・状況説明用の絵カード

4　まとめ

　本児の自立活動の指導目標を「物を投げる、唾を吐く、叩くなどのコミュニケーション手段を軽減し、活動に集中できるようになる。（コミュニケーション手段が整理され、周囲の環境を意識し、調整力を高める）」としましたが、「各教科における指導（音楽）」での指導の結果、次のような成果が見られました。

　大きな音が出る場面では、あらかじめ児童に分かる方法で予告しておくことで、驚いて興奮してしまうことは減り、授業の流れに乗って参加できることが多くなりました。また、「うるさい」という気持ちを「絵カード」や「サイン」で表現

することが増えるに従って、人を叩くことが減ってきました。また、テンポが早い活動では、適宜クールダウンの時間を設け、興奮しないようにした結果、授業に落ち着いて参加できる機会が増え、活動量も増加しました。このように自立活動の重点項目としていた「心理的な安定」が図られることで、授業場面での顕著な行動の変化が見られました。しかし、このことは「音楽」だけの成果ではなく、他の指導場面との相互作用があってのことだと考えています。「自立活動の時間における指導」では、興奮を固有覚への刺激等で抑えられることの経験などを通して、教員を安心した対象と認識し、良い関係性が築けるようになってきました。教員との良好な関係性を基盤に、楽しんで提示された教材を見たり、触ったりするようになり、目と手の協応動作の向上が見られました。その結果、話し手の方を向いたり、絵カードを注視する機会も増え、周囲の環境を意識したり、双方向のコミュニケーションが見られるようになってきました。「学校の教育活動全体の指導」では、常に自分の座る椅子には写真と名前を貼り、自分の場所を意識できるようにするとともに、教員の正面に座り、注視しやすいようにしたことで、授業の内容も伝わりやすくなりました。徐々に、児童が椅子に座っていられる時間が増えてきました。

　今回は、児童の実態把握から、重点項目を自立活動の6区分のうち「心理的な安定」「コミュニケーション」「環境の把握」に設定し、情動面の安定と、目を使って周囲の情報を把握することに中心を置いて指導してきました。学校生活の人との関係性の中で、教員を安心できる存在と認識するようになってから、落ち着いて活動に取り組むことができてきました。同時に、自分の気持ちを表現するようになってきて、他害や物を投げることが減少しました。今後も、学校生活のいろいろな場面において、自立活動の視点を意識し、安心して過ごせる環境づくりと、人との関係性が、教員に加えて友達にも広がるように指導していきたいと考えています。

第3節 小学部の「各教科等を合わせた指導」における自立活動の指導

事例
特別支援学校小学部4年

衝動的な行動を読み解き、教科の学びを支える力を身に付ける指導

1 本事例の概要

　本児は小学部4年生の児童で、知的障害と診断されています。学習面においては、主に知的障害の各教科の2段階の内容を学んでいます。学習上又は生活上の困難さとしては、衝動的な行動が多く、教員や友達の行動を真似したり、文字を書いたりすることが苦手な面があるなど、各教科等の学びを進めたり、学級集団で生活したりしていく時の困難さとして表れていました。「衝動的な行動」といわれている課題は、他のどんな課題と関連しているのか、学習指導要領にある「課題相互の関連」を使って読み解き、実践をした事例です。

2 個別の指導計画

① 実態把握

　実態把握の方法として、個別の教育支援計画等の情報やこれまでの個別の指導計画等の引継ぎ資料、年度当初の実際の関わりの様子などから必要な情報を書き出しました。普段の学習や生活の様子から、以下の課題などが見えてきました。

> ⑦　集団活動等は、大声を出したり、落ち着いた行動が難しかったりする場面があること。
> ⑦　今、注意をすべき部分への集中が難しく、見た物に衝動的に動いたり、気になることへ注意が切り替わったりする場面があること。
> ⑦　自分が決めたことについて、教員や友達の意見を受け入れにくかったり、「○○くんは外で遊びます」と友達の行動を決めて話しかけたりすること。　など

　様々な情報から、本人の課題や長所を書き出しながら実態を把握するようにしました。

② 　実態を自立活動の区分に即して整理し、指導の方針をたてる。

　「自立活動の課題関連把握シート」（写真）を使って取り組みました。最初に、実態を区分ごとに書き、ここから、自立活動の学習指導要領解説で述べられているように、課題同士でどのように関連しているかを整理することで、本人の行動全体を連続的に捉え、多くの課題と関連している課題の存在や複数の課題の原因となっている課題の存在を検討し、中心的な課題を導き出すようにしました。

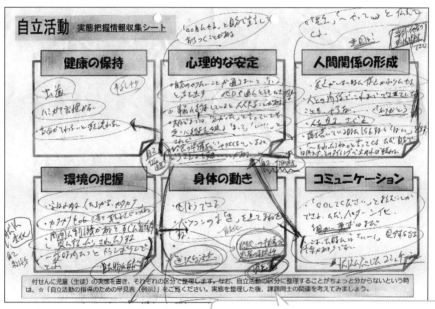

　写真　「自立活動の課題関連把握シート」

多忙な中でも、すぐに使えるメモ書きで、課題相互に気付き、実態を把握していきます。

③ 　指導すべき課題の整理

　自立活動の課題関連把握シートを使って考えることで、本人の障害による学習上や生活上の困難さが表われている行動が、一つ一つの課題を指導するのではなく、共通した課題（改善するために必要な力）が見えてきました。

　それが、次の図（指導すべき課題を導き出すための課題相互関連図）になります。

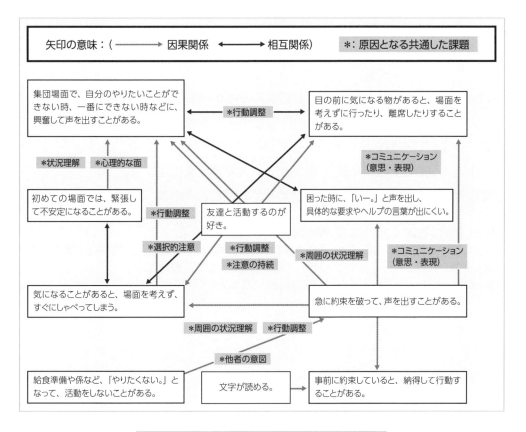

矢印の意味：(　——————→　因果関係　←——————→　相互関係)　＊：原因となる共通した課題

集団場面で、自分のやりたいことができない時、一番にできない時などに、興奮して声を出すことがある。

＊行動調整

目の前に気になる物があると、場面を考えずに行ったり、離席したりすることがある。

＊状況理解　＊心理的な面

＊コミュニケーション（意思・表現）

初めての場面では、緊張して不安定になることがある。

＊行動調整

友達と活動するのが好き。

困った時に、「いー。」と声を出し、具体的な要求やヘルプの言葉が出にくい。

＊選択的注意

＊行動調整
＊注意の持続

＊周囲の状況理解

＊コミュニケーション（意思・表現）

気になることがあると、場面を考えず、すぐにしゃべってしまう。

急に約束を破って、声を出すことがある。

＊周囲の状況理解　＊行動調整

＊他者の意図

給食準備や係など、「やりたくない。」となって、活動をしないことがある。

文字が読める。

事前に約束していると、納得して行動することがある。

 ## 見えてきた指導すべき課題の整理

【課題相互の関連の視点から指導すべき課題の抽出】

・心理的な不安定や環境の把握の弱さか、衝動的な行動などにつながり、そこでのやり取りからトラブルやさらに心理的な不安定につながることが見えてきている。場面や状況の理解、注目すべき所への選択的注意、注意の持続等が課題である。

・ルール等は分かっていても自分の行動が止められなく、集団活動場面でトラブルになることが多いことから、自己の理解と行動調整等の課題が見られる。

・自分の思い通りにいかない時（集団場面、話し合いの場面、衝動的に行動した場面で止められた時等）にトラブルになることが多いことから、場面や状況の理解、他者の意図や感情の理解、心理的な安定が関連していると考えられる。

・困った時に、相手に伝えられずに行動に移して訴えることから、その要求を伝えることができるコミュニケーションの指導が必要である。

課題となる行動等を「自立活動の課題把握関連シート」にメモをし、「指導すべき課題を導き出すための課題相互関連図」として、課題相互の関係を考えることで、なぜ、その課題となる行動が表われたのか、本人の一つ一つの行動がヒントになり、どんな力を身に付ける必要があるのか、明確になって見えてきました。この力はすべて自立活動の6区分27項目の中で整理されており、そこから重点項目、指導内容を考えることができました。

④　学習上又は生活上の困難の視点から、重点項目を設定する。

　その指導方針から、特に重点項目としてあげられるのは、主に次の項目です。

◆2心理的な安定　　　（1）情緒の安定
◆3人間関係の形成　　（2）他者の意図や感情の理解　　（3）自己の理解と行動の調整
◆4環境の把握　　　　（1）感覚や認知の特性についての理解と対応
◆5コミュニケーション　（4）状況に応じたコミュニケーション

⑤　指導目標の設定

　今回の学習指導要領でもあるように、「今指導すべき指導目標として」として、以下の項目をあげました。

○学習場面を通して、場面や状況を理解し、約束などを守ったり、注目すべき所が分かったりして集団活動に取り組むことができる。(環境の把握、人間関係の形成)
○友達の意見を受け入れたり、思い通りにいかない場合や困った時に言葉などで伝えたりすることができる。(人間関係の形成、コミュニケーション、心理的な安定)

⑥　具体的な指導内容の設定

　「今指導すべき指導目標」が達成されるためには、重点事項であげた項目等を確実に指導することが大切になると考え、次の様式例のように指導内容を考え実践を行ってきました。

【課題相互の関連を押さえて今指導すべき目標、指導内容を導き出す自立活動の流れ図】

氏名　　小学部４年生　　障がい名等　知的障害

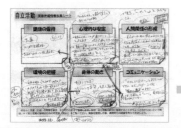

実態を記入し、課題相互の関連を考察したことを下記に記入し、課題関連把握シートも一緒にファイルしました。

【課題相互の関連の視点から指導すべき課題の抽出】
・心理的な不安定や環境の把握の弱さ、衝動的な行動などにつながり、そこでのやり取りからトラブルやさらに心理的な不安定につながることが見えてきている。場面や状況の理解、注目すべき所への選択的注意、注意の持続等が課題である。
・ルール等は分かっていても自分の行動が止められなく、集団活動場面でトラブルになることが多いことから、自己の理解と行動調整等の課題が見られる。
・自分の思い通りにいかない時（集団場面、話し合いの場面、衝動的に行動した場面で止められた時等）にトラブルになることが多いことから、場面や状況の理解、他者の意図や感情の理解、心理的な安定が関連していると考えられる。
・困った時に、相手に伝えられずに行動に移して訴えることから、その要求を伝えることができるコミュニケーションの指導が必要である。　等（一部抜粋）

今、指導すべき目標
○学習場面を通して、場面や状況を理解し、約束などを守ったり、注目すべき所が分かったりして集団活動に取り組むことができる。（環境の把握、人間関係の形成）
○友達の意見を受け入れたり、思い通りにいかない場合や困った時に言葉などで伝えたりすることができる。（人間関係の形成、コミュニケーション、心理的な安定）

その目標達成に向けて、何の項目が関連しているか「必要な力」を考える！

健康の保持	心理的な安定	人間関係の形成	環境の把握	身体の動き	コミュニケーション
(1) 生活のリ〜	(1) 情緒の安〜	(1) 他者との〜	(1) 保有する〜	(1) 姿勢と運〜	(1) コミュニ〜
(2) 病気の状〜	(2) 状況の理〜	(2) 他者の意〜	(2) 感覚や認〜	(2) 姿勢保持〜	(2) 言語の受〜
(3) 身体各部〜	(3) 障がいに〜	(3) 自己の理〜	(3) 感覚の補〜	(3) 日常生活〜	(3) 言語の形〜
(4) 障がいの〜		(4) 集団への〜	(4) 感覚を総〜	(4) 感覚を総〜	(4) コミュニ〜
(5) 健康状態〜			(5) 認知や行〜	(5) 作業に必〜	(5) 状況に応〜

指導内容

指導内容１
見て模倣する、見て記憶する、見て正しい反応を覚えて体を動かす、などの活動を通して、環境を把握する力、注意を向けたり、持続したりする力、自己の行動調整を図る課題に取り組む。

指導内容２
場面や状況の理解やルールを理解する学習や困った時の行動の仕方（呼吸、イヤーマフ等）や要求の伝え方などの学習に取り組みながら、自己の理解と行動の調整に取り組む。

指導内容３
自分の意見と友達の意見等を聞く場面を設定し、思い通りにいかない時があること、その時の不安定な気持ちをどうすればいいのか等を学び、結果の受け入れ方、気持ちの安定の仕方を理解する。

　指導の展開

3−1　「自立活動」の指導内容・方法等

「自立活動の時間における指導」を時間割上は設定していませんので、指導する場面としては、各教科等を合わせた指導の中で合わせて行うようになっています。学級の児童の実態から、①午前中の単元は、行事単元や各教科の履修内容を中心に行いながら必要な自立活動の指導をしていくこと、②午後については、自立活動の指導を中心とした題材で学びを構成し、各教科等の資質・能力を支える力を育むようにしました。

指導内容1

　見て模倣する、見て記憶する、見て正しい反応を覚えて体を動かす、などの活動を通して、環境を把握する力、必要な物に注意を向けたり、持続したりする力、自己の行動調整を図る課題に取り組む。

○視覚認知に関する指導

・視覚認知に関するDVDを使用しながら、じゃんけんや数字の記憶など、楽しみがら、見て真似する、注意を向ける、持続する力を伸ばす学習に取り組みました。

・割り箸の先に赤、青の目印を付けて、それを目で追う眼球運動や赤になったらパンチ！などの活動で、視覚情報と行動を調整する学習を行いました。

○認知面などの環境の把握、身体の動きに関する指導

・両手を使って、黒板に好きなように書き表していくブレインジムのダブルドゥードゥルという認知面や身体の動きの向上を図る学習を取り入れました。また、左右の8の字の横にした形をなぞり、正中線を越えて、交差を意識しながら書く学習など、書くことへの困難さに対して、文字を書くという直接的な指導だけでなく、それを支える手の動き、目の動きなどの支える力を養うようにしました。

○微細運動、粗大運動に対しての指導

・作業療法士との連携も図り、「握る」「つまむ」などの動きも学習にとって重要な動きであり、それが心理面、注意面にも影響することから、1キロボール（1kgのメディシンボール）を使って、握る・離す、ペットボトルのフタやボルトをねじって外す、ボールペンを組み立てるなど、様々な活動に取り組みました。

・体の動きを通して、気持ちのコントロールを高めることについては、学習指導要領の自立活動解説にて述べていましたので、力をほどよく調節することが難しい児童には、ゲームで楽しみながら、体と心の動きを学ぶ内容も取り入れました。

[指導内容 2]

　場面や状況の理解やルールを理解する学習や困った時の行動の仕方（呼吸、イヤーマフ等）や要求の伝え方などの学習に取り組みながら、自己の理解と行動の調整に取り組む。＊どこに注目すべきかということに関しては、指導内容1に取り組むことで養われる。

○困った時にどうしたらいいのか、落ち着いた場面での指導

・本人が落ち着いた場面で、考えるようにしました。うまくいかない時、どんな行動をとったらよいのかなど、実際にロールプレイしながら、自分で落ち着いたり、要求を伝えたりする練習をすることで、必要な場面で実践する姿が見られるようになりました。

・実際にできたことを称賛し、視覚的に実感を積み重ねていくために、シールを用いました。自分で頑張ったことを認める、次への意欲をもつなど、いいサイクルが見られるようになりました。

[指導内容 3]

　自分の意見と友達の意見等を聞く場面を設定し、思い通りにいかない時があること、その時の不安定な気持ちをどうすればいいのかなどを学び、結果の受け入れ方、気持ちの安定に取り組む。

・自分で思い込んで、気持ちが高まり、心理的に不安定になることがあることから、思い通りにいかない場面や、結果を受け入れる時に「ま、いっか」「ま、しょうがない」と気持ちを切り替える言葉を学ぶことで、必要な場面で実践できるようにしました。

　このように、午後の生活単元学習では、自立活動の指導を中心として各教科等を合わせた指導を行ってきました。ただし、自立活動の指導内容として、2、3に関しては、午前中の行事等の単元や各教科の履修内容を重視した単元展開等でも指導場面を設定しながら、より実際的に活用していく力となるように指導を行いました。その際、各教科等を合わせた指導を行う場合でも、今回の学習指導要領の記載では、「各教科の目標に準拠した評価の観点による学習評価を行うことが必要である。」と示しており、以下のような指導案（一部抜粋型）の下に展開していきました。

3－2　学習指導案

　本単元は「あきまつりをしよう」という単元で、11月に合計16時間かけて展開していきました。児童達の興味のある出店などを学級ごとに準備してお店の役になったり、他の学級のお店を回って楽しんだりしながら、各教科等を学んでいく単元です。各教科等の目標としては、国語科、生活科、図画工作科、特別の教科道徳、自立活動を、段階に基づいて個別の指導目標を立てて、指導を行ってきました。活動を展開する中で、ルール等は知っていても、それを受け入れて守ることの難しさがあること、自分がやりたくても役割や順番が決まっていること、会場の様々な音の環境があることなど、「秋祭り」を楽しむためには、本人の障害による学習上の困難さがあり、各教科等の目標を学ぶことが難しい場面に直面する。したがって、自立活動の視点における配慮と指導場面を指導者側で混同しないように明確にした上で取り組むようにしました。本時（13/16）としては、以下のように行いました。

各教科等を合わせた指導案

（1）対象児童の本時の目標

各教科	知識・技能	思考力・判断力・表現力等	学び向かう力、人間性等
生活科	自分たちの店での自分の役割について知ることができる。	お祭りでの自分たちの店での、自分の役割に気付き、それに取り組むことができる。	自分の役割に取り組もうとしたり、自分で考えて取り組もうとしたりしている。
自立活動の指導	場面や状況の理解やルールを理解する学習や困った時の行動の仕方（呼吸、イヤーマフ等）や要求の伝え方などの学習に取り組みながら、自己の理解と行動の調整に取り組む。		

（2）その他の児童の自立活動の重点

　B児：「人間関係の形成」「コミュニケーション」

　C児：「人間関係の形成」「コミュニケーション」

　D児：「心理的な安定」「人間関係の形成」

（3）本時の展開

	学習内容・学習活動	指導上の留意点・配慮事項 自立活動の指導項目	自立活動の指導のポイント 自立活動の指導項目
導入	●はじめの挨拶 めあて、予定を知る。		
展開	①活動の流れを知る。	〇活動の流れを知ることで、場面や状況の理解を促し、自分でプランニングして行動する力を育む。 人間・環境	〇活動には順番があること、自分がやりたい活動を先にやりたかった時でも、「ま、いっか」と切り替え言葉を使って受け入れるなど、状況理解や他者受容について指導する。 人間・環境
	②秋祭りでの約束を知る。 ③お店の準備	〇秋祭りで事前に想定できることを確認しておくことで、約束を意識し、自分の行動を調整できるようにしたり、心理的に不安定になった時の対応法をロールプレイしたりすることで、活動の際に主体的に改善・克服できるようにする。 心理・人間・コミュ	〇もし、心理的に不安定になった場合に、「はぁー、ふぅ」「イヤーマフを貸してください」など、自分で伝える練習を行い、実際に改善・克服する力として使うことができるように指導する。 心理・人間・コミュ

　この後は、生活科のねらいにそって展開し、準備し、時間続きの次の時間に「秋祭り」の展開につなげました。その際、**活動の中で、上記で学んだことなどや実際の学習上の困難さに対して、その都度自立活動の指導もしくは視点により配慮を行っていきました。**

活動後は、自立活動だけでなく、各教科等を合わせた指導として、各教科等の目標に準拠した学習評価を単元ごとに行い、子どもたちの学びを積み重ねていきました。

　本人は、「ま、いっか」と受け入れることが多くなったり、体の動き、気持ちのコントロールについても自覚し、少しずつコントロールしようとする発言等が見られたりするようになり、学習時間も集中を持続して取り組むことができるようになりました。今回、知的障害のある児童への自立活動の指導について、自立活動の流れ図で課題相互の関連から指導目標を明確にして取り組むことで、児童達が日々の各教科等の学びをする際の支え（心理的な安定、行動の調整、認知面等）となり、さらに児童にとって学びが充実していくことを、児童達の学びの足跡からより実感することができました。

第4章

知的障害特別支援学校中学部の
自立活動の指導の実践例

第1節 中学部の「自立活動の時間における指導」

事例 7

自己理解に基づいて自己肯定感を高め、コミュニケーションの改善を目指す指導

1 本事例の概要

　本生徒は中学部1年生女子で、知的障害と診断されています。入学時の資料によれば田中ビネーVでIQ48、療育手帳の判定はBでした。中学生になり、頭痛を理由とした欠席はよくあるものの、長期欠席はありません。日常生活場面での簡単なやり取りはそれなりにできますが、学級内で自分から発表することはなく、本人の実態と様子から理解していると思われる内容についても、促しに応じず下を向いたまま返答しないことがほとんどでした。また、初めての経験や場面に対する不安が強く、いつのまにかトイレに入り出てこないことが度々ありました。しかし、クラス内で彼女に好意をもつ同性の友人からの関わりを受け入れている姿や、自分より行動がゆっくりのクラスメートに対し優しく接する姿も見られました。

2 個別の指導計画

① 実態把握

　小学校からの指導要録（写し）、田中ビネーVの検査結果、入学当初保護者からの聞き取り、4月の学校生活の様子をもとに実態把握をしました。小学校は3年生まで通常の学級に在籍、小学4年生から特別支援学級に在籍しました。小学

　3年生の2学期頃から学校へ行き渋ることが多くなりました。その後、特別支援学級に在籍することになってからも依然として行き渋ることが多くありました。また6年生後半になってからは保健室登校や不登校状態が増え、担任とも相談しながら本人と保護者で学校見学も重ね、進路を特別支援学校中学部に決めました。指導要録の「総合所見及び指導上参考になる諸事項」には「主に頭痛や腹痛で欠席することが68日あった」ことや「気持ちが不安になるとうつむいたまま動けずにいることがある」「対人関係を築くことへの苦手意識が見られ、同級生との関わりが少なかった」ことが書かれていました。田中ビネーVの検査結果はIQ48という結果でしたが、検査場面での様子には、「課題をうまくできないと本人が決めつけている様子が見られ、すぐにあきらめ、首を振って返答し検査が終了した」ことが報告されていました。保護者からの聞き取りでは「家庭では、母親の手伝いをよくしてくれ、朝食作りを本人が家族分全部やってくれることもよくある。家族に対しては自分の気持ちを折々に伝えてくるが、小学校時代には本人がどう思っているのか伝えてくれないとよく言われた。漢字練習が好きで、漢字検定10級（小学校1年生程度）の漢字練習ドリルを家で繰り返しやっている。しかし計算問題は苦手意識が強く、足し算・引き算の計算ドリルを怒りながらやっていることもあった」と家庭と学校で見られる姿の違いも分かりました。中学生になって、4月の学校生活の様子は、「自分の身の回りのことは自分で問題なくでき、小学校の通常の学級から入学した女子からの関わりを受け入れ、気が合っている様子が見られ、一緒に行動し、うれしそうな表情も見られることもありました。また、入学してから頭痛を理由に欠席することはあるものの、3日以上続けて欠席することはほとんどありません。日常場面でのごく簡単な意思確認には特定の教員に対してはそれなりに応答していました。自分より行動がゆっくりの友達に優しく接する姿も見られるようになりました。しかし、学習場面で挙手して応えようとすることはなく、指名されてもうつむいたまま応じず、新しい場面では、いつのまにかトイレに入って、そのまま出てこないことが度々ありました」と担任から説明されました。

② 　実態を自立活動の区分に即して整理し、指導の方針をたてる

　実態を自立活動の6区分に即して整理しました。自分の気持ちや意見を伝えられる場面を増やしていくことについては「コミュニケーション」「心理的安定」、初めて経験する活動に対する不安の強さを改善することについては「心理的な安定」の項目に整理しました。

③ 指導すべき課題の整理

　生徒の実態から、「学習場面で挙手して応えようとすることはなく、指名されてもうつむいたまま応じず、新しい場面では、いつのまにかトイレに入って、そのまま出てこない」という学習場面に主体的に臨めないという課題があります。これは生徒自身の自己理解と自己肯定感の課題が原因と考え、「心理的な安定」の区分に位置づけ、生徒の自己理解を図り、自信をもってできることを増やすことで自己肯定感を高めることにつなげたいと考えました。また、家族と特定の教員以外の他者関わりに対し、首を横に振って拒否し、「無理」と否定的な言葉で応じることは「心理的な安定」の重点とも連動し新しい場面で求められるコミュニケーションの仕方を具体的に獲得することに重点を置くことにしました。

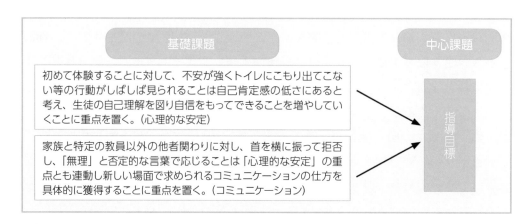

④ 学習上又は生活上の困難の視点から、重点項目を設定する

　③までの課題の整理の結果、「心理的安定」と「コミュニケーション」を重点項目に定めました。生徒自身がすでに身に付けている力を発揮し、適切に評価される経験を積むことで自己肯定感を高めながら「心理的安定」を図り、他の生徒とのやり取りがうまくできた経験を積むことで主体的に他者と関わる意欲につなげ、それをベースに場面に応じた「コミュニケーション」の仕方を獲得し、課題解決にもつながるのではないかと考えました。

⑤ 指導目標の設定

　「心理的な安定」の指導目標として、「自分の得意なことに気付き自信をもつ」こと、「コミュニケーション」の指導目標として「場面や相手に応じた適切なやり取りを身に付ける」ことを指導の重点目標に設定しました。

生徒の実態把握重点目標

学部	中学部　1年		障害名 疾患名等	知的障害		
全体像	穏やかな性格で、身のまわりのことは概ねできている。安心できる特定の大人とは言葉で意思をやり取りがそれなりにできる。新しい活動に尻込みし、取り掛かろうとせず、その場から逸脱する（トイレの個室にこもる）様子が見られる。教員が十分にできると思う活動に対しても、上手くできないという不安な表情でうつむいたままで取り掛かろうとしない様子も多く見られる。					
区分	健康の保持	心理的な安定	人間関係の形成	環境の把握	身体の動き	コミュニケーション
区分に応じた実態把握	概ね健康である。 身体の動きの調整も概ね問題ない。	初めて体験することに対して、不安が強くトイレにこもり出てこない等の行動がしばしば見られる。	受容的支援をする特定の大人の支援は受け入れられた。積極的に本人に関わってくれる特定の友達を受け入れ一緒にすごすようになった。しかし、特定の教員以外の関わりを受け入れないことが多い。	学校生活の流れを受け入れ、学校生活を送っている。	概ね問題ない。生活年齢相応と推定される。	日常場面での簡単なやり取りはできる。しかし、家族と特定の教員以外の他者関わりに対し、首を横に振って拒否したり、「無理」と否定的な言葉で応じることがほとんどである。
課題の整理	・初めて体験することに対して、不安が強くトイレにこもり出てこない等の行動がしばしば見られることは自己肯定感の低さにあると考え、生徒の自己理解を図り自信をもってできることを増やしていくことに重点を置く。 ・家族と特定の教員以外の他者への関わりに対し、首を横に振って拒否し、「無理」と否定的な言葉で応じることは「心理的な安定」の重点とも連動し新しい場面で求められるコミュニケーションの仕方を具体的に獲得することに重点を置く。					
重点		◎	○			◎

⑥　具体的な指導内容の設定

　「自立活動の時間における指導」では、「ほめほめの木等のエンカウンター課題」「簡単なコミュケーションを含むゲーム課題」「茶話会課題」の中から課題を選び取り組み、「各教科における指導（主には本人が好きな国語、体育、音楽、美術）」では、自立活動で取り組んだことと関連させながら、目標を段階的に達成していけるように指導内容を設定しました。

⑦　指導目標・指導内容・指導場面

（1）長期目標

・自分の得意なことに気付き自信をもつ。

・状況に応じた適切なやり取りの仕方を知る。

（2）短期目標と指導内容

重点項目	心理的な安定	コミュニケーション
短期指導目標	・自分の良い面、できることを理解し自信をもって生活しようとする。	・場面に応じて求められるやり取りの仕方を知り、自分からやってみる「場面」を増やす。
具体的な指導内容	・茶話会で友達にお茶を入れ、仲間や教員から認められる経験をする。 ・友達の良いところに気付いて伝えたり、友達から言われた自分の良いところを知る経験をする。 「ほめほめの木」	・茶話会でお茶を入れ、友達と場面に応じたやり取りをする。 ・サイコロゲームで出た目に指定された「テーマ」について話す。
具体的な指導場面	「自立活動の時間における指導」 「各教科における指導」	「自立活動の時間における指導」 「各教科における指導」

3　指導の展開

3－1　「自立活動」の指導内容・方法等

「自立活動の時間における指導」では、「心理的な安定」と「コミュニケーション」に焦点を当て、それを踏まえて学校生活全般において、自己肯定感を高め、自己理解をできるよう促すことで、学習に主体的に取り組む素地を培います。

「各教科における指導（主に本人の好きな国語・体育・音楽・美術）」では、無理のないように十分配慮しつつ、自立活動の時間における指導の経緯と関連させながら、学習に対し主体的に取り組めるよう励まし、小さな変化を見逃さず、しっかり認めていきます。加えて学級においては、本生徒が得意なことを手がかりに友達から認められる機会となるような係活動を担うようにし、「心理的な安定」に整理した実態と関連させながら指導します。

【自立活動の時間における指導】

指導内容

・自分の良い面、できることを理解し自信をもって生活しようとする。

・場面に応じて求められるやり取りの仕方を知り、自分からやってみる「場面」を増やす。

具体的指導

○茶話会

・友達にお茶を入れる（入れてもらう）活動を通し、場面に応じたやり取りをする。お茶を飲みながらテーマに沿って話をしたり、友達の話に質問したり、質問に答える。回数を重ねながら、段階的にテーマを決めていきます。

○サイコロゲームで話そう

・茶話会場面の延長上で実施します。楽しい雰囲気を大切にして進め、サイコロを振って出た目に書いてあるテーマで話すことにします。当初はどの生徒にとっても簡単に答えられるテーマを設定し、学習グループの関係づくりから行います。

○友だちの良いところを話そう（ほめほめの木）

・初回は教員がほめられる役割をし、やり方のモデルを示します。以降、グループ内の生徒が毎回一人ずつほめられる役割を担っていくようにします。他者の良い面を見て発言する経験と自分の良い面を他者からの言葉で気付けるように進めこと、何よりも自己肯定感を上げていくきっかけになるようにと進めます。

指導の経過

指導のステップ1：本学習グループは自立活動の重点目標に「心理的な安定」「コミュニケーション」のいずれか、または両方が取り上げられている生徒で1・2年生の縦割りグループを構成しました。教科学習でも同じ課題別グループになっている生徒がほとんどです。学習グループの人数が大きすぎない方が良いということも配慮し編成しました。この学習グループの生徒は全員、小学校で通常の学級又は特別支援学級に在籍経験がありました。対象の生徒のメンバーには対象生徒と仲良くなった友達も含まれました。「人間関係の形成」に関わる実態も踏まえ、効果的に自立活動の重点目標に迫るために、この学習グループの構成にしたことは意義があると考えました。

指導のステップ2：「茶話会」では対象生徒が家庭で食事の用意やお茶を入れることを普段からできていることを踏まえ、友達にお茶を入れる活動を通し、教員や友達から認められる経験を積むことから始めました。他の生徒にとってもこの活動は主体的に安心して取り組みやすいと考えました。当初は緑茶のみでしたが、生徒同士のやり取りを受け止めつつ、紅茶やコーヒー、ココアから選んでもらうように発展しました。また当初、本生徒が一人でお茶を入れていたところから、友達と一緒にお茶を入れる活動へと、この活動についても生徒たちの意見も踏まえ、変更して取り組むことにしました。場面全体で、生徒が安心して活動できるように教員が受容的支援を行うことは、本学習グループ全体にとって必要な支援と考えました。

「サイコロゲームで話そう」は、当初簡単に抵抗なく答えられる話題から始めました。例えば、好きな色、好きなたべもの、嫌いな食べ物等です。回を重ねながら質問タイムを加え、テーマも「運動会でたのしみなこと」「好きなスポーツ」「面白い話」等、折々の学校生活での話題を関連させながら抽象度も少しずつ上げつつ進めました。ここでも教員は受容的支援を行うように進めました。

「友だちの良いところを話そう」は、対象生徒がほめられる役割を担うのは後半の回に設定しました。茶話会の場面で認められる機会を設定していたこと、またその際に認められることに対して素直な反応ができるまで回を重ねる必要があると思われたことを踏まえてのことでした。

3－2　学習指導案

「区分：心理的な安定、コミュニケーション」に重点を置いた自立活動の指導

（50分間／週1回）

（1）対象生徒の本時の目標

・自分の良い面、できることを理解し自信をもって生活しようとする。

・場面に応じて求められるやり取りの仕方を知り、自分からやってみる「場面」を増やす。

（2）その他の生徒の自立活動の重点目標

　A：「心理的な安定」「人間関係の形成」

　B：「心理的な安定」「人間関係の形成」

　C：「心理的な安定」「コミュニケーション」

　D：「人間関係の形成」「コミュニケーション」

　E：「心理的な安定」「コミュニケーション」

（３）本時の展開

	学習内容・学習活動	指導上の留意点・配慮事項 自立活動の指導項目	自立活動の指導のポイント 自立活動の指導項目
導入	●はじめの挨拶をする。 ①本時の予定を聞く	見通しをもつことで、安心して主体的に学習に参加するよう促す。〈全員〉 心理	見通しをもつことで、安心して主体的に学習に参加するよう促す。 心理
展開	②茶話会を開き、サイコロゲームをする。	茶話会場面の机の移動等の準備を生徒が行う。茶話会を進行する教員は生徒の思いや行動を受け止め、認め、「どうぞ」「お先に」「ありがとう」等、基本的なやり取りを自発的に行えるよう促す。教員は生徒の自発的な発話についてグループ内の交通整理をするように共感的かつ受容的に支援、生徒一人一人の様子ややり取りの姿に対し、称賛する言葉掛けや、つぶやき等を生徒のモデルとなることも意識して行う。 サイコロゲームでは雰囲気が楽しく活発になるように心がけ、生徒の発話に対し教員は肯定的なコメントをし、モデルとなる。〈全員〉 心理・人間・コミュ	お茶を友達に入れて配り、友達や教員から認められる経験を積めるようにする。〈対象生徒〉 心理 対象生徒と親しい友人に教員が働きかけ、対象生徒が役割を担いやすいように支える。 サイコロゲームの話題のテーマは対象生徒も含めた生徒たちに関心が高いテーマであった「林間学校」の「楽しみな活動」「おみやげ」のどちらかが出るサイコロとした。あらかじめ、他の場面でも対象生徒とテーマについてやり取りし、茶話会での会話につなげる。〈全員〉 心理・コミュ
	③友達の良いところを話そう。	前時にほめられ役になった生徒が友達から言われたことを紹介した後、本時のほめられ役を発表し、始める。生徒から同じ良いところを繰り返し発言されても、受け止め、板書していく。ホワイトボード全体に生徒の発言が板書されたところで生徒からの発言を求めるのをやめ、教員が板書されたことを一気に読み上げた後、終了とする。 生徒が楽しく発言できるようにテンポよく進め、ほめられ役の生徒にとってもほめる生徒にとっても楽しくなるように雰囲気をつくり、他の良いところを見る見方、自分の良いところを理解するよう促す。〈全員〉 心理・人間・コミュ	友だちの良いところを発言する際になかなか発言できない様子が見られた場合は、教員が対象生徒も知っているエピソードをモデルになり発言する。 他の生徒が既に発言したことも、再度教員が発言し、他の人と同じ発言になっても思ったことを発言して良いことが分かるように誘導し、発言を促す。発言に至らない場合も、対象生徒がうなずいている姿等を共感的に取り上げ教員が代弁する。 進行しながら生徒同士のやり取りが発生しやすいように教員が合いの手を入れることで友達からの促しでも発言を引き出せるようにする。 〈対象生徒〉 心理・コミュ
まとめ	④本時を振り返る 終わりの挨拶をする。	本時の感想を挙手して、発表する。挙手して自分の感想を言おうとしていることをしっかり認め、友達と同じ感想を発表しても認める。〈全員〉 心理・コミュ	本時の感想を挙手して、発表する。挙手して自分の感想を言おうとしていることをしっかり認め、友達と同じ感想を発表しても認める。 挙手しない場合は無理に聞き出そうとせず、選択肢を与える等の簡単な質問をして、対象生徒の発言のきっかけを作る。〈対象生徒〉 心理・コミュ

（4）配置図及び指導体制（指導案　活動①〜④と関連）※対象生徒をで示す。

活動①③④

活動②

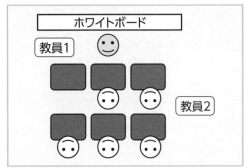

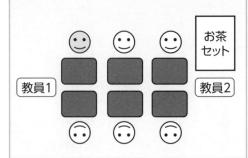

4 まとめ

　自己肯定感の低さから、学習活動に対する不安の強さと前向きなコミュニケーションの欠如につながっている事例です。対象生徒と共通する課題のある生徒で縦割りの学習グループを構成しました。教科の学習場面でも同じ課題別グループに所属していたことも加わり、学習の機会を重ねていく中で、同じグループ内の友達との心理的な距離が近くなる様子が各場面で観察されました。

　他教科との関連においては国語で「敬語」について学習した後の自立活動の時間、対象生徒が教員に対する言葉遣いと友達に対する言葉遣いを考え上手にお茶を入れてくれ、教員や友達から絶賛されることがありました。このことを境に、その後の自立活動の時間に臨む様子に前向きさが加わっていきました。

　対象生徒は3学期には新しい学習や行事に入る際、トイレにこもってしまうことも見られなくなりました。また、入学してすぐに親しくなった友達とは更に親しくなり、楽しそうにする様子が頻繁に見られました。また、この頃になると、家族からは「早起きして、学校の準備をし、時計が出かける時間になるのを待っている」という姿が報告されました。学校では友達の良いところを見る見方が定着していった様子もうかがわれるエピソードがありました。それは、学級対抗の駅伝大会の際に、対象生徒のクラスが2位になった時のことです。学級内のゆっくりペースの生徒に対し、クラスメートからの批判的な言葉が聞こえた時、「Aさん、いっぱい汗をかいてたよ。頑張っていたと思う」と対象生徒が発言したのです。また、学級担任からはホームルームで、挙手して今日の感想等を発表することが時々見られるようになったと報告がありました。

　学習に自分から向かおうという姿が芽生え、前向きな発言が聞かれようになり、この姿が安定的に継続していけるよう積み上げていくことが大切と考えています。

**中学部の各教科における
自立活動の指導**

事 例

8

特別支援学校中学部 1 年

**国語の指導「書初めをしよう」
における自立活動の指導**

1　本事例の概要

　本生徒は中学部 1 年に在籍しており、精神発達遅滞と診断されています。中学部入学前は通学区域内の小学校特別支援学級に 6 年間在籍していました。指示理解は良好ですが、活動に取り組む意欲はあまり高くありません。太田ステージ評価はⅢ－1 前期です。日常生活においては、着替え等はほぼ一人でできますが、自己流のやり方が多く、整理整頓も苦手です。学習面においては、文字に対する苦手意識が強く、読んだり書いたりする活動を避けようとします。休み時間は、同学年の友達と騒いだり、追いかけっこをしたりして過ごすことが多いですが、自己中心的な面が目立ちます。

2　個別の指導計画

①　実態把握

　入学相談資料や小学校特別支援学級からの引き継ぎ資料、本校外部専門員による所見等を参考に、実態把握をしました。小学校からの引継ぎ資料には、「理解力はある程度あるが、正確に理解しようとせず、行動に移してしまう傾向がある。自分の要求が通らないなど、気に入らないことがあると、暴言や不適切な態度をとることが多い。その際は、別室でクールダウンさせる等の対応が必要であった。

運動能力には大きな問題はないが、授業中の姿勢保持が難しく、体幹の弱さを感じる」等の記述がありました。本校外部専門員の観察評価と助言には「友達と関わりたいという気持ちがあるが、相手の気持ちを汲み取る力が弱く、トラブルになることが多い。自分の気持ちをコントロールできるように、コミュニケーション能力を高めていく必要がある」とありました。

② 実態を自立活動の区分に即して整理し、指導の方針をたてる

本生徒の実態を自立活動の6区分に即して整理しました。友達との良好な関係作りの課題については、「人間関係の形成」「コミュニケーション」、言葉や文字の理解および気持ちの葛藤が起きた時の気持ちの整理や思いの表出については、「環境の把握」「心理的な安定」の項目に整理しました。

③ 指導すべき課題の整理

本生徒の実態からは、「協調性に欠ける」、また「意思表示なしに行動が先走ってしまう」という課題がありますが、その直接の原因が「コミュニケーションによる他者との良好な関係性を構築できない」ことにあると考え、「人間関係の形成」「コミュニケーション」の区分に位置づけ、相手の意図の理解や自己の対応方法を調整する指導に重点を置くことにしました。また、「体幹や視機能が弱い」ということに起因した「文字の読み書き、言葉の理解が苦手」という点は、「環境の把握」における課題であると考えました。さらに、「相手の気持ちを汲み取る力が弱い」ということに起因した、暴言や不適切な態度をとってしまうという課題は「心理的な安定」における課題と位置づけました。

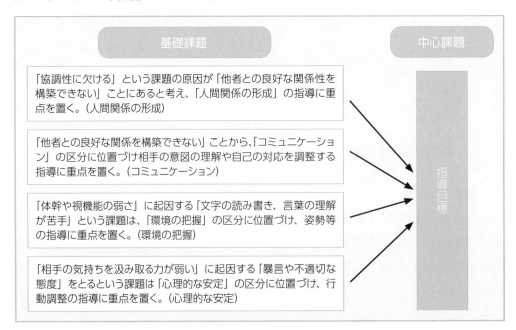

④　学習上又は生活上の困難の視点から、重点項目を設定する

学校生活や授業の中で望ましい人間関係を築き、行動調整をするスキルを身に付けることで、「心理的な安定」が図れることができるようになり、学習上又は生活上の困難さを改善できるのではないかと考え、「人間関係の形成」と「コミュニケーション」を重点項目に定めました。

生徒の実態からは、「自己中心的である」という行動面での課題がありますが、「他者の感情や意図の理解」に困難があると考え、「人間関係の形成」の区分に位置づけ、主に「他者との関わりの基礎」をはぐくむ指導に重点を置くことにしました（◎）。さらに「情緒の安定」や「状況の理解と変化への対応」に関わる困難もあるため、「心理的な安定」として重点項目の一つ（○）としました。

また、「言語の受容と表出」に困難さがあるということから、言葉や文字を適切に活用できるようになることは「コミュニケーション」での課題でもあると考え、これも指導の重点（◎）としました。さらに視機能の弱さを、「環境の把握」

学部	中学部　1年		障害名 疾患名等		精神発達遅滞	
全体像	同年代の友達と関わろうとし、言葉でのやり取りや追いかけっこ等の遊びを楽しむことができる。しかし、相手の意図に対する理解が不十分であり、思うようにいかない時には暴言等の不適切な行動により、トラブルに発展することも少なくない。運動面での大きな問題はないが、体幹の弱さから姿勢保持が難しい。また文字を読むことへの抵抗感が強く、文字から情報を得ることに困難がある。					
区分	健康の保持	心理的な安定	人間関係の形成	環境の把握	身体の動き	コミュニケーション
区分に応じた実態把握	概ね健康である。喘息があるため、特に冬場の体調管理が必要である。	普段は安定しているが、気にいらないことがあると暴言を発することがある。興奮状態から気持ちを切り替えることに時間がかかる。	好きな友達への関心が高く、自ら話しかけたり、関わろうとしたりする。相手の意図を理解することは弱く、一方的であることが多い。大人との関係作りに困難さがあり、反抗的な態度をとることも多い。	視機能を活用する力が弱く、掲示物等の文字情報を活用することができない。文字の多い文書を読むことへの抵抗感が非常に強い。	運動能力に関して大きな問題は特に見られない。体幹が弱く、長時間、同じ姿勢で立っていたり座っていたりすることが苦手である。	言葉でのコミュニケーションができる。発音がやや不明瞭な音韻がある。文字によるコミュニケーションは困難である。
課題の整理	・「協調性に欠ける」「行動が先走ってしまう」という課題の原因が「他者との良好な関係性を構築できない」ことにあると考え、「人間関係の形成」「コミュニケーション」の区分に位置づけ、相手の意図の理解や自己の対応方法を調整する指導に重点を置く。 ・「体幹や視機能が弱く、文字の読み書き、言葉の理解が苦手」という点は、「環境の把握」の指導に重点を置く。 ・「相手の気持ちを汲み取る力が弱い」ということから、暴言や不適切な態度をとってしまうという課題は「心理的な安定」の指導に重点を置く。					
重点		○	◎	○		◎

に位置づけて重点項目の一つ（○）としました。

⑤　指導目標の設定

　「人間関係の形成」の指導目標として、相手の意図を適切に理解し、自己の対応を調整できるようになることを設定しました。また、「コミュニケーション」の指導目標としては、他者の感情を理解したり、自己の要求を伝えたりするために、言葉や文字への興味関心を高めることを指導の重点目標に設定しました。

⑥　具体的な指導内容の設定

　本生徒の指導内容として、「自立活動の時間における指導」では、「環境の把握」と「コミュニケーション」の指導、「各教科における指導」では「人間関係の形成」と「コミュニケーション」の指導、「学校の教育活動全体」では「人間関係の形成」「心理的な安定」「コミュニケーション」の指導を行うこととしました。

⑦　指導目標・指導内容・指導場面

（1）長期目標

・相手の気持ちを考え、自己の対応を調整し、望ましい人間関係を構築できる。

・言葉や文字に興味関心をもち、言葉や文字を活用しようとすることができる。

（2）短期目標と指導内容

重点項目	人間関係の形成	コミュニケーション
短期指導目標	・他者と良好な関係を保つ。 ・他者の話を注意深く聞き、肯定的な捉え方をする。 ・自分の気持ちを客観的に捉え、望ましい行動をしようとする。	・相手の話をきちんと理解し、丁寧に伝えようとする。 ・適切な言葉を用いて伝えようとする。 ・文字に興味関心をもつ。 ・言葉だけでなく、文字でも気持ちを伝えようとする。
具体的な指導内容	・他者の意見を最後まで聞く。 　→他者の話が終わるまでは、発言しないという約束カードを貼る。 ・自分の意見と異なった意見も受容できるようにする。 　→他者の意見をほめられた時には即時評価する。 ・自分の意に沿わない状況になった場合、行動を適切に調整する。 　→タブレット端末など、自分の気持ちをリセットできるアイテムを準備しておき、行動調整できた時には即時評価する。	・自己の意見を相手に伝えようとする。 　→うまく伝わらなかった時は、言い方を変えるように提案する。 ・相手の意見を理解しようとする。 　→分からなかった時は、どこが分からないのか質問するよう促す。 ・文字に対する興味を高める。 　→いろいろな筆記具の違いを楽しんだり、大きく書くことを楽しんだりできるように促す。 ・文字に気持ちを込める。 　→自分の好きな文字を自由な表現で書いてみるよう促し、即時評価する。 ・他者の書いた文字や内容を受容する。 　→個性という観点を意識させ、受容できた時には即時評価する。
具体的な指導場面	「各教科における指導」 「学校の教育活動全体」	「自立活動の時間における指導」 「各教科における指導」 「学校の教育活動全体」

3 指導の展開

3−1 「国語」の指導内容・方法等

　教科の目標を達成するためには、自立活動の観点で配慮や工夫が有効です。したがって、自立活動の目標ありきの指導内容にならないよう注意する必要があります。

　国語における指導では、本生徒の学習上又は生活上の困難さの改善のために、「読むこと」「書くこと」について教科指導の中で自立活動の視点をもって指導しています。「読むこと」については、文字の大きさや行間の広さを調整したり、ラインマーカーを活用して注目すべき行を明確にしたり、音読に自信がもてるように指導しています。

　本時の教科指導においての目標は、「書くこと」に関する事項である「姿勢や筆記具の持ち方を正しくし、文字の形に注意しながら丁寧に書くこと、点画相互の接し方や交わり方、長短や方向などに注意して文字を書くこと」にあります。また、言葉に対する感想をもち、伝え合うことも、本時の教科指導における目標としています。

　さらに「人間関係の形成」の課題について、教科の課題と関連させながら、意見の発表や他者の意見を理解しようという取り組みを取り入れました。また、「コミュニケーション」の目標達成に向け、書道を通して文字を書くことや、文字のもつ美しさなどを感じ取る活動を取り入れました。

3−2 学習指導案

「区分：人間関係の形成、コミュニケーション」に重点を置いた国語の指導

（50分間／3回）

〈単元指導計画〉

小単元名	ねらい	主な活動
書初めをしよう （1単位時間）	書初めについて知り、興味関心を高める。	・書初めの映像を観る。 ・鉛筆で書いてみる。
筆と墨で書こう （1単位時間）	筆と墨を使って書き、楽しさを味わい、興味関心を高める。	筆と墨の扱いを知る。 ・自由に書いてみる。
発表会をしよう （1単位時間・本時）	書く内容を考え、筆を使って表現し、発表する。	・気持ちを文字にする。 ・お互いに発表しあう。

（1）対象生徒の本時の目標

・書初めに何を書くか、自分の気持ちを整理しながら考える。

・墨と筆を用いて、腕を使って大きく書く。墨の濃淡やかすれなどを味わう。

・書初めに対する自分の思いとともに自分の書初めを発表する。

・他の生徒の書初めについて、素直な気持ちで受容する。

（2）その他の生徒の自立活動の重点目標

生徒A：「心理的な安定」「人間関係の形成」

生徒B：「人間関係の形成」「環境の把握」

生徒C：「人間関係の形成」「コミュニケーション」

生徒D：「人間関係の形成」「コミュニケーション」

生徒E：「心理的な安定」「コミュニケーション」

（3）本時の展開

	学習内容・学習活動	指導上の留意点・配慮事項 自立活動の指導項目	自立活動の指導のポイント 自立活動の指導項目
導入	①はじめの挨拶をする ●本時の流れの説明	着席を確認し、全員の気持ちを落ち着かせ、日直の号令に合わせてあいさつさせる。〈全員〉 ホワイトボードを活用して、本時の流れを視覚的に分かりやすく説明する。〈全員〉 心理・環境	机の上に物が置いていないか、姿勢正しく着席しているか確認する。 ポインター等を使用して、どこに注目すればよいかガイドする。 環境
展開1	●書初めについての説明 ●何を書くか考える ●全体に発表する	書初めの映像を活用して、学習内容の理解を深める。〈全員〉 心理・環境 書く内容を整理し、記録するためのプリントを配り、記入しながら考えさせる。その際、教員が書くことを想定した例をサンプルとしていくつか提示する。 プリントを活用させ、書初めに書く言葉を各自前に出て発表させる。〈全員〉 コミュ・環境	全体を映した映像で書初めをイメージさせ、本人目線の映像で、やりたいという意欲を高める。 環境 書く内容をできるだけたくさんプリントに書けるようにヒントとなるサンプルを示す。 その中から自分の気持ちに合うものを絞り込み、言葉を選ぶよう促す。 プリントのどこを読むかマーカーで示し、自信をもって発表できるようにする。 環境・人間
展開2	●書初めの準備	筆、墨、下敷き、文鎮を個別に準備させる。 床に設置、机に設置、傾けて設置するなど、それぞれの生徒に合わせて配慮する。 環境・心理	床に設置して書かせることは、普段の環境と全く異なるため、無理強いはしない。 書きやすいように傾けて設置するこ

			とも選択肢として用意する。 〔環境〕
展開2	②筆で書初めをする	練習をすることで、緊張感を解きほぐし、自由に表現できるよう配慮する。慣れてきたら、墨の量を加減し、濃淡やかすれ等も表現の一つとして意識できるよう導く。 腕を大きく使ってダイナミックに書くことを意識できるように配慮し、即時評価する。 	大きく書くことや、筆の扱いに慣れることに重点をおいて指導する。 上手に書くことより、ダイナミックさや形の面白さに興味関心をもって書かせるように導く。 鉛筆で書く時とは異なり、腕や体全体を使って書くように、教員が手本を示しながら指導する。 〔環境〕 筆を使って大きく書くことで、表現の幅が広がることを意識できるよう即時評価する。
	③書初めを発表する	一人ひとり前に出て、自分の書初めと文字に込めた思いを発表する。〈全員〉	他者の発表を集中して聞けるよう、椅子の座り方を指導する。 自分の発表の際には、自分の書初めを見ることで気持ちを落ち着け、書初めを見ながら発表するように導く。 〔心理〕
	●感想の発表	それぞれの書初めについて、いいなと思った点を発表する。 〔人間〕	良いところを見つけて肯定的な感想を言うように全体に指導する。 〔人間〕 他の生徒の作品についての感想を肯定的に発表するように導く。 〔コミュ〕
		それぞれの感想を、書初めの横に教員が書き、視覚化しておく。	自分の書初めに対する感想を素直に受け止められるよう、教員が補足する。 ほめられた点を全体で共有し、本人の喜びや自信につなげるよう配慮する。
まとめ	●授業全体の感想	生徒が順番に本時の感想を一言ずつ発表する。	否定的な感想にならないよう、書初めの横に書いてある肯定的なコメントを見ながら感想を発表するように促す。 〔コミュ〕
	●まとめの話	全員の書初めを見ながら、筆や墨を使って書くことの楽しさ、文字に思いを込めて書くこと、書きあがった書初めを見て思いを馳せることなど、本時のまとめをする。	教員の話を聞きながら、自分にとってプラスであったと思えるように経験の咀嚼を支援する。 〔心理〕
	●終わりの挨拶	全員の気持ちを整え、日直の号令に合わせてあいさつをする。	気持ちよく授業を終われるよう、しっかりとあいさつするよう導く。

（4）配置図及び指導体制（指導案　活動①〜③と関連）

※対象生徒を  で示す。

活動①③

活動②

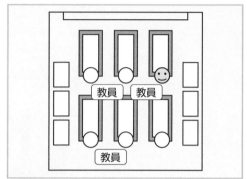

4　まとめ

　自立活動の項目「人間関係の形成」「コミュニケーション」を重点項目として目標を設定し、指導した結果、日常的な友達関係において、他者を受容できる幅が広がったり、自己の感情をコントロールすることが徐々にできるようになったりしてきています。特に批判的な言動が減り、他者とのトラブルも少なくなりました。以前は、気に入らないことがあると不安定になることが多かったのですが、自ら謝ろうとする姿が増えるなど、良好な人間関係の形成が自分にとってもプラスになることを意識できるようになってきたようです。

　「コミュニケーション」については、他者の話を良い姿勢で集中して聞こうとしたり、適切な言葉を選んで、自分の気持ちを丁寧に伝えようとしたりすることがしばしば見られるようになりました。また、墨や筆を使って文字を書くことで、一文字一文字、腕全体を使って大きく書くことや、普段味わうことのできない筆の書き味などを経験することができ、文字への興味関心が高まってきているようです。さらに個性的な文字の良さや面白さを理解できるようになってきており、今後も継続して指導していきたいと思います。

中学部の「各教科等を合わせた指導」における自立活動の指導

事 例

9

特別支援学校中学部２年

適切な意思表出手段と状況把握する力を身に付け、主体的な学習参加を促す指導

1 本事例の概要

　本生徒は中学部２年生でダウン症です。特別支援学校の小学部に在籍しています。太田ステージ評価はⅢ－１前期です。身近な物の名称や簡単な動作語の理解があります。自発的な言葉は単語や２語文程度です。発音は不明瞭ですが、平仮名を読むことはできます。

　明るく人懐っこい性格で、教員や友達とも楽しく関わり、音楽など好きな学習には、積極的に取り組むことができます。しかし、集中が持続せず、他に興味があるものが目に入ると離席したり、椅子や机をガタガタと動かしたりします。

　新しい活動に対して拒否することが多く、教室を出たり、友達に手を出して場を混乱させたりして参加できない場面が多く見られます。また、身体のバランスがうまく取れず、特に、階段を下る時は、手すりを使用し、教員の身体的支援が必要です。目と手の協応動作が苦手で、細かいものを持つこと、書字やはさみを使った作業等が苦手で、思うようにできないと立ち歩いたり指示と違うことをしたりする様子が見られます。

2 個別の指導計画

① 実態把握

　個別の教育支援計画や前年度の個別指導計画、および本校外部専門員（作業療法士・言語聴覚士・理学療法士・心理の専門家）による所見を参考に、実態把握

と支援のポイントを整理しました。

【言語聴覚士からのアドバイス】

・言語理解が不十分なため、視覚的な支援が有効である

・音声言語が不明瞭なため、舌を前後左右に動かすことや、頬の緊張をとるために口腔内をマッサージするとよい

【作業療法士からのアドバイス】

・足裏を床面に付けるように椅子の高さを調節し、姿勢保持のためのクッションを用意するとよい

・鉛筆の持ち方をサポートする器具を使用するとよい

・はさみでは１〜２回切りで切れる大きさの紙で練習をするとよい

【理学療法士からのアドバイス】

・バランスボールなどに座って、体幹を強化する運動をするとよい

・坂道を使って、かかとに重心をのせる練習をするとよい

【心理の専門家からのアドバイス】

・見通しをもつためにはゴールに好きな活動や休憩を入れるとよい

・選択することで自分の行動を調整しやすくなる

・即時にほめることと、カードやシールで見える形で評価をすることで動機づけが高まる

・拒否や活動の軽減等の意思を適切に表出できるよう、音声と共に絵カードを使うとよい

② 実態を自立活動の区分に即して整理し、指導の方針をたてる

　実態を自立活動の６区分で整理しました。見通しのもちづらさや苦手なことからの逃避は「心理的な安定」、姿勢保持や運動動作の課題は「身体の動き」、自分の気持ちを言葉で表出することは「コミュニケーション」、の項目に整理しました。

③ 指導すべき課題の整理

　生徒の「苦手なことや新しい活動への拒否や不適切な行動」が行動面での課題です。その原因は、「状況の理解と変化への対応」と「感情の適切な表出」の困難さであると考え、それぞれ「心理的な安定」と「コミュニケーション」に位置づけました。

　また、「苦手なことへの拒否」の原因は、姿勢保持や運動動作のぎこちなさによる活動の困難さあると考え、「身体の動き」に位置づけました。

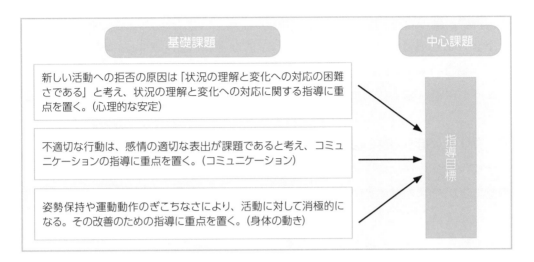

④　学習上又は生活上の困難の視点から、重点項目を設定する

　①から③において、指導すべき課題の整理を行った結果、「心理的な安定」と「コミュニケーション」と重点項目とし、「身体の動き」についても、個別に課題を設定して取り組む必要があると考えました。

　特に、「心理的な安定」と「コミュニケーション」について重点を置く必要があると考え「◎」としました。

生徒の実態把握と重点項目

学部	中学部　2年		障害名 疾患名等	ダウン症		
全体像	人懐っこい性格で、身近な大人と言葉でのやり取りを楽しむことができる。体を動かすことや音楽を好む。手先の操作性はぎこちなさが見られる。見通しがもてないこと、自信がもてないことに対して拒否、不適切な行動で示す様子がある。					
区分	健康の保持	心理的な安定	人間関係の形成	環境の把握	身体の動き	コミュニケーション
区分に応じた実態把握	概ね健康である。 汗をかかず、熱がこもりやすい。 体を動かすことは好む。	見通しの理解は不十分である。 苦手なことへの拒否感が強い。 変化に対する心理的な不安が大きい。	友達との関わりを好むが一方的になりやすい。 集団のルールの理解は不十分で役割の理解が難しい。	外界の刺激により注意が転導しやすい。 視覚優位。 皮膚感覚がやや鈍感。 空間認知が弱く物を操作することが苦手。	低緊張で姿勢保持が難しい。 中腰や片足立ちでバランスをとることが苦手。 手元の注視や操作が難しい。	自発語は単語程度。 負の意思を適切に表出できず、拒否や不適切な行動をとりがち。 発音がやや不明瞭である。
重点		◎			○	◎

⑤　指導目標の設定

　上記の重点項目の３区分により、「基本的な身体の動きや物の操作がスムーズにできるようになること」「休憩や拒否の要求を適切に行える力を付け、スケジュールに沿って主体的に学習に向かう力を付ける」ことを指導目標に設定しました。

⑥　具体的な指導内容の設定

　学校の教育活動全体を通しては、「スケジュールに沿って活動すること」「拒否の意思表出や好きな活動や得意な活動を選択すること」を中心に行い、時間における指導では、「口腔マッサージや口の体操」「粗大運動や手指の操作性や目と手の協応動作」について扱うことにしました。

⑦　指導目標・指導内容・指導場面

（１）長期目標

・50分間の授業のスケジュールを確認し、自分の行動を調整しながら、最後まで活動に向かう。

・絵カードを使って自分の意思を相手に伝えることができる。

・一定時間、姿勢を保持し、手元を見て物を操作する。

（２）短期目標と指導内容

重点項目	心理的な安定	身体の動き	コミュニケーション
短期指導目標	・活動や使う道具等を選択して、自分で行動を調整する。 ・3つ活動すると休憩や好きな活動ができるスケジュールを理解する。	・両足を床面に付けて座る。 ・はさみで線に沿って切ることができる。	・気持ちに合う言葉を言うことができる。 ・カードを相手に渡して状況や気持ちを伝える。 ・手本を見て舌を動かしたり、口型模倣をしたりする。
具体的な指導内容	・選択の機会を与え、行動調整する経験をする。 ・スケジュールを絵カードで示し、1つ終わったらカードを外す。すべて終わったら、短時間の休憩をする。 ・作業等の目標の数を決めて取り組む。	・バランスボールに座って両足を床面に付けてバランスをとる。 ・5〜7mmの線に沿って紙を切る。 	・イラストに合った気持ちの文字カードを選ぶ。 ・やり取りをしながら適切なカードを選択し、教員に渡しながら言葉を表出する。 ・口腔マッサージや口の体操に取り組む。
具体的な指導場面	「各教科等を合わせた指導」 「学校の教育活動全体」	「各教科における指導（保健体育）」 「自立活動の時間における指導」	「各教科における指導(国語)」 「自立活動の時間における指導」 「学校の教育活動全体」

3　指導の展開

3－1　「自立活動」の指導内容・方法等

　自立活動は、時間における指導のほか、各教科や教育活動全体を通じて行っていくことが重要です。関わるすべての教員が、本生徒の自立活動の目標やその指導の手立てについて理解しておく必要があるため、自立活動の目標を各教員に配布し、共通理解を図りました。

指導内容

「心理的な安定・コミュニケーション」に関すること

○スケジュールの理解

　学校での学習すべてにおいて、個別のスケジュールを提示しました。図１は、国語・数学の時間を例にしたスケジュールの提示です。概ね３つの活動が終わったら、短時間の休憩を入れました。休憩を目標に、頑張ることができます。

○気持ちの表出

　日々の生活の中で、気持ちを言葉で整理し、表出することを目指し、絵カードを使って「休みたい」「いやです」「わかりません」など状況や気持ちを伝えるようにしました（図２）。

　国語科では、朗読や表情のイラストと文字のマッチングなどを通して感情表現の理解を深めていきます。また、明瞭な音声言語を目指して、口腔用ブラシを使った口腔マッサージで緊張をほぐすことや、「あいうべ体操」で口を大きく動かしたり、舌を左右に動かしたりするなどの口の体操に取り組みました（図３）。

「身体の動き」に関すること

　まず環境を整えるために、椅子の脚にテニスボールを付けて、動かす時に音が出にくくし、骨盤が安定しやすいクッションをのせました（写真1）。

図１　スケジュールバー

図２　コミュニケーションカード

図３　あいうべ体操

写真1　椅子の工夫

　毎日の登下校や教室移動では、階段を下りる際、足元を見ること、腰を回転させて片足ずつ下るように練習します。

　自立活動の時間の指導では、身体づくりとして、バランスボールに座り、両足を付けて弾む運動や動作模倣、階段昇降等に取り組みました。目と手の協応動作の向上を目指し、個別課題学習の中で運筆練習やはさみで短冊を切るなどの動作に取り組みました。

指導の経過

　スケジュールの理解は、国語・数学の個別課題学習の中で取り組み始めました。一つの活動5分程度の課題を3つ用意し、絵カードにしてスケジュールバーに貼っておきます。それらを一つの活動が終わったらバーから外し、すべてがなくなったら休憩というルールにしました。「休憩」を励みに、学習に集中するようになってきました。

　気持ちの表出については、本生徒が、「いやです」のカードを教員に渡せば活動量を減らしたり、他の好きな活動に変えたりするようにしました。苦手なことを「いやです」と伝えると受け入れてもらえることが安心感につながり、頑張れるようになってきました。

　身体面では、座面にクッションを置くと安定し、姿勢の保持がしやすくなりました。両足を床面に付けることも、少しの言葉掛けで気付くことが増えました。運筆やはさみの練習は、個別課題学習で毎日取り組み、少しずつ上達しました。

　これらの学習を踏まえて、生活単元学習の「喫茶店を開こう」という単元の中で意欲的に活動してほしいと考えました。「自分たちで喫茶店を運営し、日ごろお世話になっている家族や先生をもてなす」ことが単元の目標です。その中で、喫茶店で使うメニューやチラシ、看板作り等を行う際に、本生徒の自立活動のねらいに応じた役割や活動を設定しました。

3－2　学習指導案

生活単元学習における自立活動の指導

単元名「喫茶店を開こう」　　　　　（全18単位時間のうち10時間目）

（１）対象生徒の本時の目標

・メニューを枠の中に記入し、切り取ってカード状にする。

・出来上がったチラシを職員室の教員に渡す。残りのチラシを廊下等に貼る。

・メニュー表作りの係としての自分の役割を理解し、最後まで取り組む。

・場に応じた言葉や要求を絵カードと音声で適切に表出する。

（２）本時の展開　（50分×２コマ）

	学習内容・学習活動	指導上の留意点・配慮事項 自立活動の指導項目	自立活動の指導のポイント 自立活動の指導項目
導入	①流れと個人目標の確認 	スケジュールを確認し、個別の本時の活動内容と目標を書き込む。 心理・コミュ	・本時の目標を確認し、読むことで自覚を促す。約束を書いた紙を渡し確認する。 心理
展開1	②メニュー表作り ・机等のセッティング ・道具準備 ・メニュー記入 ・切り取り ・種類ごとに弁別 	机のセッティングや道具の準備など、できる作業に積極的に関わらせることで、学習意欲を引き出す。一人一人の実態に応じた文字数のメニューを書くように担当を割り当てる。 困った時や相談したい時は手をあげて教員を呼ぶようにルールを決める。 心理・身体・コミュ	・文具は、似たようなものでも本人が選択するようにし、主体性をもたせる。 心理 ・メニューを記入する枠の色を変えて示す。目印の線を太くして分かりやすく示す。厚みのある紙で持ちやすくする。 身体 ・すべての工程で３枚終わっていたら３分休憩のスケジュールを示す。 心理 ・「休みたいです」と伝えてから休む。 心理
展開2	③チラシ配り・掲示 ・チラシを渡す教員の確認 ・言葉の練習 ・チラシ配り ・廊下の掲示	チラシを渡す教員を写真で確認する。 言葉を書いた紙を手元に用意することで不安がないようにする。 心理・コミュ	・モデルとなる生徒と二人組で言葉を言うようにして、自信がもてるようにする。 ・リマインダの紙を指で追うように言葉掛けする。
まとめ	④自己評価とまとめ ・自己評価記入 ・担当教員との振り返り ・終わりの挨拶	振り返り表に自己評価を記入し、見える形で成果を確認する。教員からも評価を返す。 心理・コミュ	・単元の目標だけでなく、スケジュールに沿って学習できたか、必要な要求や意思を伝えられたかどうかについて評価する。

（3）教室配置図（指導案　活動①～④と関連）　※対象生徒を 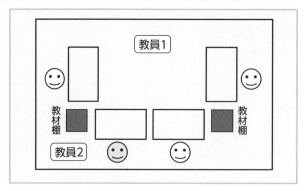 で示す。

【活動①②④】（活動③は、職員室や廊下など、分かれて活動する。）

（4）教材

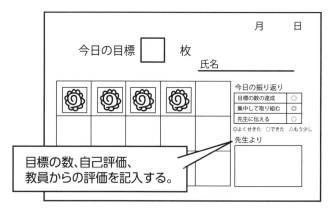

目標と振り返りシート

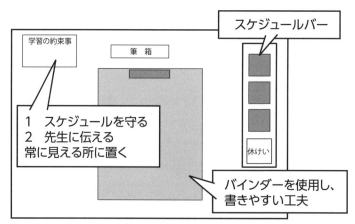

机上の物の配置の工夫

4　まとめ

　自立活動の指導の中で「心理的な安定」が重点項目であった対象生徒は、生活単元学習の「喫茶店を開く」という単元への興味からスムーズに参加することができました。長い活動時間も、スケジュールとこまめに休憩する時間を設けたことで、落ち着いて取り組めました。活動中に職員室の教員や廊下を通る人にほめられることが、意欲や達成感につながったようです。チラシを渡す時も相手に一生懸命伝えようと声をはっきり出していました。手先を使った「ハサミ」や「書字」も得意ではないのですが、メニューの実物を見て、イメージがわいたのか、意欲的に取り組みました。一定量同じ作業を繰り返すことで技術的にも上達し、自信をもったようでした。

　日常生活の中でもスケジュールや視覚的支援を確認して、行動調整できることが増えました。また、「休憩」や「好きなこと」を目指して頑張る気持ちが育ってきています。初めての活動や場面でも、「できること」「得意なこと」を設定することで、積極的に取り組むようになってきました。カードを渡すと要求が伝わることを経験し、他の場面でも自分からカードを渡せるようになってきました。今後は、「いやです」と言えばその通りになるだけでなく、やり取りの中で気持ちをコントロールする指導も必要だと考えます。

　自立活動の時間における指導のねらいを各教科等を合わせた指導の中でも教員間で共有し、意図的に学習場面を設定することで、その学習の成果を般化させることができることを実感しました。今後もその視点を大切に取り組んでいきます。

第5章

知的障害特別支援学校高等部、
特別支援学級、
通級による指導の実践例

手指の巧緻性・操作性を高め、集中して作業に取り組める態度の形成を目指した指導

1　本事例の概要

　本生徒は高等部1年生の生徒で、主障害は知的障害と診断されており、その他に気分変調症も併せ有しています。小学校の低学年は通常学級に籍を置き、高学年になると一時的に場面緘黙症になってしまったことから特別支援学級に在籍するようになりました。そして、中学入学と同時に本校（知的障害特別支援学校）の中学部に入ってきました。中学部では、勉強や運動の成績がよく、クラスや学年をまとめるリーダー的な存在でした。

　高等部に入学した段階での太田ステージ評価では Stage Ⅳ - 後期の段階で、WISC-Ⅳの検査では、全検査54で言語理解とワーキングメモリの数値が高めとなっています。高等部になると地域の中学校から知的障害の程度が比較的軽度な生徒が入学してくるため、中学部の時とは違って、学習や運動の場面で上位に入れないことが生じ、戸惑いや不満を感じている様子が見られます。普段は穏やかで柔和な性格ですが、気分変調症があるため、突然怒り出してしまうことがたまにあります。また、運動経験の乏しさから体の動きが全体的にぎこちなく、手指を使った活動場面では不器用さが目立ちます。高等部卒業後の進路については、本人も保護者も企業への就労を希望しています。

2　個別の指導計画

①　実態把握

　入学選考資料や本校中学部からの引継ぎ資料、保護者からの聞き取り、太田ステージやWISC−Ⅳの検査結果、行動観察、及び本校特別非常勤講師（作業療法士）の所見を参考に、実態把握をしました。

　引継ぎ資料によると、「日常会話が成立するが、表出に関しては要点が伝わりづらい」「手指の操作性に未熟な部分がある」「気分変調症のためストレスや疲れを溜め込むと突然強い口調で怒り出すことがあり、人間関係を損ねてしまう」とありました。保護者からの聞き取りでは、「小学生の高学年の時に場面緘黙症になり、学校では一切話をしなくなったことがあった」ということでした。作業療法士からは、「手指が不器用なのは、腕全体の筋力が弱いため指先に上手く力が伝わらないからである。また、体幹の筋力の弱さも影響している」との所見をもらいました。また、中学部3年時に経験した産業現場等における実習では、「簡単な仕事は問題なく遂行できるが、企業就労に向けては体力と集中力の向上が課題である」との評価を受けていました。

②　実態を自立活動の区分に即して整理し、指導の方針をたてる

　実態を自立活動の6区分に即して整理しました。体幹の筋力の弱さや手指の不器用さについては「身体の動き」、活動への集中力の持続については「環境の把握」、思うように課題が進められない時の気持ちの整理については「心理的な安定」の項目に整理しました。

③　指導すべき課題の整理

　本生徒の実態からボトムアップの視点で課題を整理すると、自分が落ち着いて活動できる方法を知る「心理的な安定」や適切な支援を求めたりする「コミュニケーション」が重要な項目として考えられます。しかし、小学生の頃に場面緘黙症になってしまったことを踏まえると、「コミュニケーション」に重点を置くのは本生徒にとって負担過重になるおそれがあります。さらに、高等部の生徒ということで、本人や保護者の願いである企業就労という目標も視野に入れ、トップダウンの視点で課題を捉え直す必要があると感じました。そこで、「身体の動き」や「環境の把握」を重点項目に定め、企業就労につながる筋力や体力を高めたり、活動や作業での集中力を養ったり、手指の巧緻性・操作性を身に付けていくことを優先的な課題として取り上げるべきだと考えました。

| 基礎課題 | 不安感が強まると過呼吸の症状が出る。（健康の保持） | 思い通りにならないと強い口調で怒り出すことがある。（心理的な安定） | 学習や作業などで長時間の集中を保つことが難しい。（環境の把握） | 手指の巧緻性・操作性に未熟な部分があり、細かな作業に時間が掛かる。（身体の動き） | 気持ちや意思を伝えようとすると要点が分かりづらくなる。（コミュニケーション） |

トップダウンの視点

高等部卒業後の進路は、本人・保護者とも一般企業への就労を希望している。

↓

企業就労を目指す上で、卒業までにどの課題を優先的に改善・克服していくべきか。

中心課題

　本人・保護者の願いである企業就労を目指すことを考えると、仕事や作業を行う上で必要なコミュニケーションは時間が掛かるものの一人でやり取りすることができる。また、過呼吸や強い口調になるのは、作業を遂行する能力が不足していることを本人が自覚していて、焦りながら作業に取り組んでいるからだと見てとれる。

　落ち着いて仕事や作業に取り組めるようになるためには、手指の巧緻性や操作性を高めることと、長い時間でも集中して取り組めるようになることが必要である。そのためには、腕全体の筋力を高めたり体幹の筋力を高めたりしていくことが大切になる。また、集中力が持続しないのは集中の度合いが極度に高いあまりに長続きしなくなってしまうので、中程度の集中力で比較的単純な作業を一定時間取り組める態度を形成していくことが大切になる。

④　学習上又は生活上の困難の視点から、重点項目を設定する

　①から③において、実態把握から指導すべき課題の整理を行った結果、「身体の動き」「環境の把握」「心理的な安定」を相互に関連づけることが必要だと考えました。企業就労につながる筋力や体力を高めたり、活動や作業への集中力を養ったり、手指の巧緻性・操作性を身に付けていくことを、より中心的な課題と考えました。そして、このような力を身に付けることができれば、自然と自信が高まり、「心理的な安定」の課題解決につながるのではと考えました。さらには、心理的に落ち着いて過ごせる時間が長くなれば、「健康の保持」の過呼吸の症状も次第に減っていくだろうと考えました。

生徒の実態把握と重点項目

学部	高等部　1年生		障害名等	知的障害、　気分変調症		
全体像	優しく穏やかな性格だが、心配性で神経質なところがあり、不安感が強まると過呼吸の症状が出ることがある。集団の中では素直に自分の気持ちを表現することが苦手で、不満やストレスが溜まると突然強い口調になって怒り出すことがある。運動経験の乏しさから体の動きが全体的にぎこちなく、手指を使った活動場面では不器用さが目立つ。					
区分	健康の保持	心理的な安定	人間関係の形成	環境の把握	身体の動き	コミュニケーション
区分に応じた実態把握	・基本的生活習慣はほぼ自立している。 ・気分変調症のため服薬している。服薬は自己管理ができる。 ・不安感が強まると過呼吸の症状が出る。中学2年頃から学校ではほとんど見られなくなった。	・穏やかで柔和な性格の反面、思い通りにならないと強い口調で怒り出すことがある。 ・不安や苦手意識、プレッシャー等があると呼吸が速くなる。	・誰とでも仲良くなれるが、自分から話し掛けることは少ない。 ・集団の中では、周りの動きに合わせて行動することができる。	・短い時間なら集中を保てるが、長時間の集中を保つことが難しい。 ・空間認知に弱さがある。 ・小4程度の漢字を読め、作文を150～200文字程度で書ける。 ・掛け算九九を暗記している。	・体の動きが全体的にぎこちない。 ・体幹の筋力が弱い。 ・手指の巧緻性・操作性に未熟な部分がある。 ・企業就労の視点から考えると、体力が不足している。	・言葉の表出に関しては、ゆっくりではあるが自分で言葉を選び、気持ちや意思を伝えようとする。 ・指示理解に関しては、順を追って説明すると理解して行動に移すことができる。
重点		○		◎	◎	

⑤　指導目標の設定

　本生徒の指導すべき課題を整理します。運動経験や仲間との交友関係の乏しさから体の使い方や他者とのコミュニケーションが円滑に行えていませんでした。そのため、苦手意識やプレッシャー、不満を感じる場面になると、過呼吸になってしまったり、強い口調で怒り出すことにつながっていました。作業などへの集中力の持続に関しては、短時間の場面では極度の集中を発揮しますが、長時間の場合でも同様に高いレベルの集中を保とうとするあまり、結果として集中が長くは続かなくなっていました。コミュニケーション面に関しては、小学生の頃に場面緘黙症になったこともあるので、重点的な指導をするのではなく、普段の学校生活の中で自然とコミュニケーション能力を培っていけるように心掛けました。

　以上のことを含めて指導目標を設定します。「身体の動き」の指導目標として、「腕を大きく動かす活動や体幹の筋力を高めるトレーニングに取り組み、腕全体の筋力や操作性を養うことで、手指の巧緻性や操作性を高めることにつなげる」ことを重点目標に設定しました。また、「環境の把握」の指導目標として、「比較的単純な作業に取り組み、気持ちを落ち着け、集中して作業し続ける態度を形成する」ことを重点目標に設定しました。

⑥　具体的な指導内容の設定

　「自立活動の時間における指導」では、「腕を大きく動かして窓や机、マットを雑巾で拭く課題」や「肘立て腹臥位や四つ這い位での姿勢保持による体幹の筋力を高める課題」に取り組み、腕全体の筋力や操作性を養う指導内容を設定しました。また、「ビーズアートを制作する課題」に取り組み、集中して作業する態度を形成する指導内容を設定しました。

　「各教科における指導」や「各教科等を合わせた指導」では、時間における指導で取り組んだことと関連させて、職業や作業学習においても、集中して学習や作業に取り組む態度を形成できるような指導内容を設定しました。筋力や体力を高めることについては、保健体育とも一部関連させて、授業担当者とも相談しながら指導内容を設定しました。

　「学校の教育活動全体を通じての自立活動の指導」では、自立活動で取り組む自分の課題を理解し、努力の結果、自らの課題を克服しつつあるという成就感を味わうことによって、自信を高め、心理的に安定した学校生活が送れるように配慮しました。

⑦　指導目標・指導内容・指導場面

（１）長期目標

・腕を大きく動かす活動や体幹の筋力を高めるトレーニングに取り組み、腕全体の筋力や操作性を養うことで、手指の巧緻性や操作性を高めることにつなげる。

・比較的単純な作業に取り組み、気持ちを落ち着け、集中して作業し続ける態度を形成する。

（２）短期目標と指導内容

重点項目	身体の動き	環境の把握
短期指導目標	・窓や机、マットを雑巾で拭いたり肘立て姿勢で移動したりして、腕全体の筋力や操作性を高める。 ・肘立て腹臥位や四つ這い位での姿勢保持を行い、体幹の筋力を高める。	・気持ちを落ち着けて、ビーズアートの制作に20分間集中して取り組むことができる。
具体的な指導内容	・窓用の雑巾と机・マット用の雑巾の2枚を濯ぎ、硬く絞る。 ・腕を大きく動かして、窓や机、マットを雑巾で拭く。 ・肘立て腹臥位や四つ這い位で一定時間姿勢を保持する。 ・仲間と一緒に肘立て・腕立て姿勢で移動して競争する。 ・手指を使った操作を伴う活動をする（コイン入れ、新聞紙破り）。	・高い集中力ではなく、中程度の集中力を長い時間保って作業することの重要性を知る。 ・BGMが流れる中で気持ちを落ち着け、中程度の集中力を保ってビーズアートの作成に取り組む。
具体的な指導場面	「自立活動の時間における指導」 「各教科における指導（保健体育）」	「自立活動の時間における指導」 「各教科における指導（職業）」 「各教科等を合わせた指導（作業学習）」

3 　指導の展開

３－１　「自立活動」の指導内容・方法

＼具体的な指導内容／

○腕のストレッチ、指の体操　｜２心理(2)、(3)　５身体(1)｜

　動画に合わせて腕や手指の体操をする課題です。肩周りや腕、手指をほぐして活動しやすい状態にすることを目標としています。

○雑巾を濯いで絞る　｜２心理(3)　５身体(5)｜

　窓拭き用と机・マット用の２枚の雑巾を濯いで絞る課題です。両手の力をしっかりと雑巾に伝えて、硬く絞ることを目標としています。

○雑巾で窓や机、マットを拭く　｜２心理(3)　５身体(5)｜

　雑巾で窓や机、マットを拭く課題です。腕を大きく動かしたり、腕に体重をのせ、しっかりと手のひらを当てて拭くことを目標としています。

○肘立て腹臥位や四つ這い位での姿勢保持

｜２心理(3)　５身体(5)｜

　肘立て腹臥位や四つ這い位から片手や片足を浮かせた状態で一定時間姿勢と保つ課題です。体幹の筋力を高めることを目標としています。

○肘立て姿勢や腕立て姿勢で前進する

｜２心理(3)　５身体(4)、(5)｜

　肘立て姿勢や腕立て姿勢で床を前進しながら仲間と競争する課題です。腕を大きく動かしたり、腕の筋力を高めることを目標としています。

○コイン入れ　｜２心理(3)　５身体(5)｜

　一度にコイン10枚を片手に握りしめた状態から、１枚ずつ貯金箱に入れていく課題です。手指の操作性の向上を目標としています。

○新聞紙破り 　<u>2 心理(3)</u>　<u>5 身体(5)</u>

　1枚の新聞紙を折り目に沿って手だけを使って16等分に破いていく課題です。力加減を調整しながら手を使うことを目標としています。

○ビーズアートの制作 　<u>4 環境(2)、(5)</u>　<u>5 身体(5)</u>

　比較的単純な作業であるビーズアートを制作する課題です。課題に取り掛かる前に、集中力には「高い・中程度・低い」などの程度があることを本生徒と確認します。この課題は中程度の集中力を20分間持続して取り組むことを目標とし、本生徒とも目標を共有して展開します。

指導の経過

　本事例を開始した当初は、「コイン入れ」や「新聞紙破り」などが上手にできなかったり、「ビーズアートの制作」に焦ってしまいミスをしたりすることがありました。そこで、自立活動における学習の意味を理解して目的意識をもって学習に取り組めるように、「なぜこの課題に取り組むのか」という学習する意義を丁寧に説明することを心掛けました。また、「コイン入れ」では、「急がなくていいから、指を使ってコインを1枚ずつ親指と人差し指の間に送り出すようにしよう」と伝えたり、「新聞紙破り」では、「破るスピードはゆっくりでいいから左右の手に均等に力を加えてみよう」と指示したりし、気持ちにゆとりをもてるような言葉を掛けるようにしました。

　学習する意義が分かって自分の目的意識が明確になってくると、焦ってミスをすることも減り、初めの頃は上手くできなかった「コイン入れ」では、コインを送り出す指の動きが滑らかになり、スムースに遂行できるようになってきました。また、「新聞紙破り」では、何度か取り組むことで新聞紙に伝える力の加減が分かるようになり、直線的に破けるようになってきました。「コイン入れ」や「新聞紙破り」がある程度できるようになったところで、次の段階では、時間を意識して取り掛かれるように目標をステップアップしました。さらに、「ビーズアートの制作」でもやり方がある程度習熟してきた段階で、時間内のノルマ（達成目標）を自分で決めるようにし、時間を意識しながら制作に取り組めるように指導を展開していきました。

３－２　学習指導案

「区分：身体の動き、環境の把握」に重点を置いた自立活動の指導

（50分間／週２回）

（1）対象生徒の本時の目標

・雑巾で窓や机を拭く活動や肘立て・腕立て姿勢で前進する活動で、しっかりと力を入れて腕を大きく動かすことができる。

・肘立て腹臥位や四つ這い位での姿勢保持で、課題に挑戦する意味を理解し、決められた時間内は粘り強く姿勢を保持しようとすることができる。

・自分でノルマを決めてビーズアートを制作し、20分間集中して取り組むことができる。

（2）その他の生徒の自立活動の重点項目

生徒Ａ：「心理的な安定」「環境の把握」「身体の動き」

生徒Ｂ：「身体の動き」「コミュニケーション」

（3）本時の展開

	学習内容・学習活動	指導上の留意点・配慮事項 自立活動の指導項目	自立活動の指導のポイント 自立活動の指導項目
導入	①始まりの挨拶 ②学習内容の確認 ③腕のストレッチ、指の体操	・代表生徒の号令により始まりの挨拶をする。 ・生徒それぞれにスケジュール表を提示して学習内容を伝える。 ・動画を再生し、真似しながら体操をするように指示する。	・授業の流れに見通しをもたせ、本時で特に頑張って取り組んでほしい課題を伝えて意欲を高める。
展開1（集団）	④雑巾を濯いで絞る ⑤雑巾で窓や机、マットを拭く ⑥肘立て腹臥位や四つ這い位での姿勢保持 ⑦肘立て・腕立て姿勢で前進する	・雑巾がしっかりと絞れているか確認する。絞り切れていない場合は再度絞るように指示する。 ・拭く手順【1）枠取り、2）枠取りした中を拭く】に従い、腕を大きく動かしているか確認する。 ・姿勢を保持する秒数を伝えてから取り掛かる。 ・正しい姿勢で取り組めているか確認する。 ・2人ずつ競争する形式で行う。勝敗を判定するが、勝ち負けだけでなく生徒の頑張りも評価する。	・姿勢や雑巾の握り方を確認し、力が雑巾に伝わっているか確かめる。絞れていたら即時評価する。 ・窓や机、マットにしっかりと手のひらが当たっているか確認する。拭き残しがなく拭けたらほめる。 ・課題の途中で、「あと○秒だよ」と伝えながら、最後まで粘り強く取り組めるようにする。諦めずに頑張り通せたら即時評価する。 ・下半身の反動を使わずに腕だけの力で前進しているか確認する。
展開2（個別）	⑧コイン入れ か 新聞紙破り のどちらかを選んで行う ⑨ビーズアートの制作	・2つの課題のうち、どちらに取り組むかを選べるようにする。 ・集中力の程度を確認してから、制作に取り掛かるようにする。 ・ノルマを設定するように促す。	・コイン入れでは、手の甲を上に向けたままで行えるか確認する。 ・新聞紙破りでは、真っ直ぐ破けたかどうかを自己評価させる。 ・中程度の集中力を持続できているか、時折確認する。 ・落ち着けるようにBGMを流す。
まとめ	⑩片付け・振り返り ⑪終わりの挨拶	・個々の生徒の頑張りを評価する。 ・代表生徒の号令により終わりの挨拶をする。	・授業開始時に伝えた、特に頑張ってほしい課題への取り組み方を評価し、伝える。

（4）教室配置図（指導案　活動①〜⑪と関連）※対象生徒を で示す。

【活動① ② ③ ⑩ ⑪】

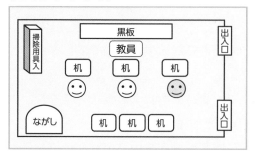

【活動⑤ ⑥】

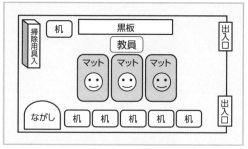

【活動⑦】

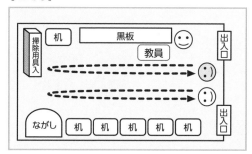

【活動⑧ ⑨】

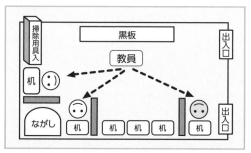

※活動④と活動⑤の窓拭きは教室の外の廊下で行う。

（5）自立活動専任の教員の役割

　令和2年度の児童生徒数278名に対して、教職員数は128名です。このうち3名が担任外の自立活動専任の教員として配置されていています。各学部の自立活動（時間における指導）の授業時数は、小学部が週3時間、中学部が週1.6時間、高等部が週1.8時間となっていて、その自立活動の授業で担当する児童生徒の指導を行っています。自立活動の授業以外での自立活動専任の仕事内容としては、他の教員の指導場面に入っての指導助言、校内研修会の企画・実施、初任者や若手教員からの相談に対する助言、啓発のための資料の作成・配布、実践記録のとりまとめ、自立活動教材の整備などを行い、自立活動の指導の充実を図っています。

　本事例では、自立活動専任である筆者が担当する高等部1年生の自立活動の授業を紹介しました。対象となる生徒を含め、似たような困難さを抱える生徒3名で授業を行い、授業の前半は集団で同じ課題に取り組み、後半は個別に課題を設定して授業を展開しました。

（6）活動の様子

活動③：指の体操

活動⑥：姿勢保持

活動⑦：肘立前進

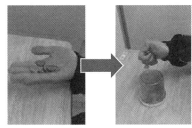

活動⑧：コイン入れ

4 まとめ

　自立活動の６区分から「身体の動き」と「環境の把握」を重点項目に設定して指導しました。「身体の動き」の腕や手指の使い方については、似たような困難さを抱える生徒と一緒に集団で指導し、窓やマットを拭く課題ではお互いに拭き残しがないか確認し合ったり、肘立て・腕立て姿勢で前進する課題では勝敗を競い合ったりする場面が見られ、意欲的な姿につながりました。四つ這い位から片手・片足を浮かせる姿勢保持は、当初はバランスがとれずに５秒以上保てませんでしたが、30秒間保持できるようになりました。「環境の把握」の長い時間の集中については、ビーズアートの制作の途中で深呼吸をしたり、BGMに合わせて歌詞を口ずさんだりしながら、自分なりの「程よい集中の保ち方」が身に付いてきました。

特別支援学級の「自立活動の時間における指導」

事例 小学校2年 特別支援学級

11

身体づくりとともに、情報を適切に読み取り、より目的的に活動する力の向上を目指す指導

1 本事例の概要

　本児は小学校の知的障害特別支援学級に在籍している2年生の児童です。精神発達遅滞、自閉症と診断されています。就学前は幼稚園に通いながら、民間療育機関で療育を受けていました。田中ビネー知能検査では、知的発達は中度の域を示しています。

　初めての環境では不安感が強く、意思の表出が少ないですが、慣れてくると簡単な2語文で友達や教員とやり取りをしたり、小集団の中で一緒に活動したりすることができます。

　学習に意欲的な姿が多く見られますが、やや姿勢が崩れやすく、周囲の刺激で注意がそれやすいので、集中できる時間が短い傾向にあります。また、身体を動かすことは好きですが、手足を協調させて動かしたり、手先で細かい作業をしたりするのはやや苦手です。

2 個別の指導計画

① 実態把握

　幼稚園からの資料や保護者からのサポートシート、療育機関による資料をもとに、実態把握をしました。幼稚園からの資料には、「折り紙やはさみなどを用い

る制作活動や、とびなわ・ボールを用いての運動遊びへの意欲はあるが、活動にはやや困難を示し、個別の支援が必要である」「一斉での指示には、友達の様子を見て行動する」「身支度では、前後左右の判断や、ボタン・ファスナーの操作で支援を要する」「身振り手振りを交えながら、簡潔なことばで伝えると理解できる」とありました。保護者からのサポートシートには、「周囲に気をとられて、自分のことに取り組めないことがある」「耳から入る指示が難しく、簡潔なことばや視覚的に伝えると理解しやすい」とありました。療育機関からの資料には、「右利きだが、疲れると左手を使うことがある」「視覚的な刺激に反応しやすく、目の前のことに注意が向きにくい」「初めてのことでは、実演や実物を示すことで理解しやすい」とありました。また、検査の結果からも、「ことばの指示に注目することや、聞き取って理解することが苦手」「見て理解することが得意で、意欲的に取り組むことができる」ことが分かりました。入学後の学校生活においては、初めてのことに不安を示し、うまくいかないと泣く、姿勢の保持が難しい、指示されたことより目についた物に反応してしまう、作業中に手元から目が離れやすく細かな作業が難しい、しまい忘れや置き忘れが多い等の傾向が強く見られました。また、言葉の指示は聞き逃しがちですが、オルガンが好きで音や音楽をよく聴こうとする様子が見られました。

② 　実態を自立活動の区分に即して整理し、指導の方針をたてる

実態を自立活動の６区分に即して整理しました。初めてのことへの不安やうまくいかない時に泣くことについては「心理的な安定」、姿勢の崩れやすさや動きのぎこちなさ、手指の巧緻性の課題については「身体の動き」、集中力や注意の持続の課題については「環境の把握」、指示理解については「環境の把握」「コミュニケーション」の項目に整理しました。

③ 　指導すべき課題の整理

児童の実態の「姿勢の崩れやすさ」は、体幹の弱さや筋力の弱さが原因と考え、身体作りが必要と考えたこと、手指の巧緻性に困難さががあることから「身体の動き」の課題が重要と考えました。また、刺激に反応しやすく、注意の持続が難しいこと、言語での指示理解が難しいことは、認知面の課題との関わりが大きいと考え、「環境の把握」についての課題も重要と考えました。初めてのことへの不安やうまくいかない時に泣くことは、「環境の把握」の困難さから「心理的安定」を保つことが難しいこと、「コミュニケーション」の困難さからきていると捉えました。

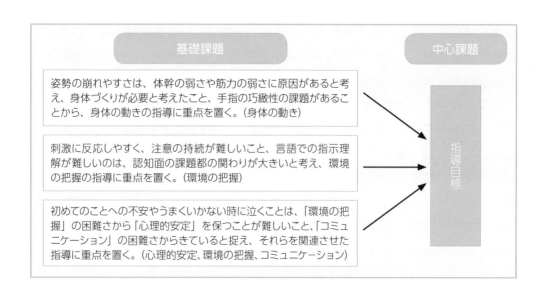

④　学習上又は生活上の困難の視点から、重点項目を設定する

　児童の実態から指導すべき課題の整理を行った結果、「身体の動き」と「環境の把握」「心理的安定」「コミュニケーション」の区分を相互に関連づけた指導が重要と考えました。特に「身体の動き」と「環境の把握」に重点を置き、身体を支える力を高めながら、粗大運動課題や微細運動課題に取り組むとともに、見たり聞いたりした情報を適切に読み取って行動する学習をすることで、日常生活動作や学習課題が円滑に、より目的的に行えるのではないかと考えました。そして、このことは、心理的安定やコミュニケーションの力の向上にもつながるものと考えました。

⑤　指導目標の設定

　「身体の動き」の指導目標として、「身体を支える運動課題や粗大運動課題、微細運動課題に取り組み、安定した姿勢で学習や日常生活動作が円滑にできるようにする」こと、「環境の把握」の指導目標として「見たり聞いたりした情報を読み取ったり記憶したりして、目的的に目や身体を使い、状況に応じた行動ができる」ことを指導の重点目標に設定しました。

⑥　具体的な指導内容の設定

　「自立活動の時間における指導」では、「ブレインジム（※アメリカで始められた、頭と身体を活性化させる、学びのための準備体操）やビジョントレーニングを取り入れた課題、身体を支える運動、体幹を鍛える運動、リズムや合図に合わせた粗大運動、積み木積みや点結び等の微細運動課題」と「指示を聞いて身体の一部や道具を動かす命令ゲーム、見本を見たり記憶したりして再現する課題」に

取り組むこととしました。「日常生活の指導：着替え・片付等、国語：書字指導、図画工作：制作活動」では、自立活動の課題と関連させながらスモールステップで課題が達成できるように指導内容を設定しました。

児童の実態把握と重点項目

学年	小学校 知的障害特別支援学級　２年			**障害名等**		精神発達遅滞・自閉症
全体像	素直で穏やかな性格であり、教員や友達との関わりを楽しみながら活動している。学習に意欲的に取り組むが、姿勢が崩れやすく集中できる時間が短い傾向にある。また、手元の注視や細かな作業、手足を協調させるような動きは苦手である。難しくて思うようにいかない時は泣くこともあるが、苦手意識がある課題も、教員の支援を受け入れて繰り返し取り組もうとする。					
区分	健康の保持	心理的な安定	人間関係の形成	環境の把握	身体の動き	コミュニケーション
区分に応じた実態把握	健康状態は良好であり、体調を崩すことはほとんどない。野菜があまり好きではないが、量を調整することで残さず食べることができる。	新しい環境では、不安感が強い。やりたいことがうまくできない時や、難しくてなかなか思うようにいかない時に泣くことがある。	よく慣れた環境では、自分から教員や友達に話しかけたり、自分の好きな遊びに誘ったりする。大人が中にいれば、簡単なルールのゲームに参加することができる。	周囲の刺激に影響されやすく、対象を注視することが難しい。作業中で手元から視線がそれやすい。１対１での指示理解は比較的良好だが、複数に向けての指示は入りにくく、忘れやすい。	歩く・走る・ジャンプする等の粗大運動は概ねできる。バランスをとる・同じ姿勢を保持することは難しく姿勢が崩れやすい。手足を協調させる動きは難しくぎこちない。手先を使う細かな作業は難しい。	２語文で簡単なやり取りができるが言語のみの指示理解は難しい。発音がやや不明瞭で聞き取りにくい。困った時に簡単なことばで援助を求める。語彙が少なく断片的な表現で話す。
課題の整理	・姿勢の崩れやすさは、体幹の弱さや筋力の弱さに原因があると考え、身体づくりが必要と考えたこと、手指の巧緻性の課題があることから、身体の動きの指導に重点を置く。 ・刺激に反応しやすく、注意の持続が難しいこと、言語での指示理解が難しいのは、認知面の課題との関わりが大きいと考え、環境の把握の指導に重点を置く。 ・初めてのことへの不安やうまくいかない時に泣くことは、「環境の把握」の困難さから「心理的安定」を保つことが難しいこと、「コミュニケーション」の困難さからきていると捉え、それらを関連させた指導に重点を置く。					
重点		○		◎	◎	○

⑦　指導目標・指導内容・指導場面

（１）長期目標

・身体を支える運動課題や粗大運動課題、微細運動課題に取り組み、安定した姿勢で学習や日常生活動作が円滑にできるようにする。

・見たり聞いたりした情報を読み取ったり記憶したりして、目的的に目や身体を使い、状況に応じた行動ができる。

（2）短期目標と指導内容

重点項目	身体の動き	環境の把握
短期指導目標	○腕や足で身体を支え、その姿勢を保持したり、手足を協調させて動かしたりすることができる。 ○手元をよく見て、操作を伴う課題に取り組むことができる。	○リズムや合図、ことばをよく聞き、状況に合わせて動くことができる。（はじめは視覚的手がかりも併用する。） ○見たり聞いたりしたことを記憶して、再現したりクイズに答えたりすることができる。
具体的な指導内容	○身体を支える運動をする。 ・バックブリッジ　・フロントブリッジ ・スーパーマン　・ハンドニーストレッチ ・クモ鬼・クマ鬼 ・V字バランス ・足相撲 ・片足立ち ○ブレインジムを取り入れた運動をする。 ・ブレインボタン・クロス・クロール ・フックアップ ○手指を使った操作を伴う課題をする。 ・積み木積み ・線なぞり・点結び ・両手で図形を描く ・ビー玉キャッチ　等	○リズムや合図をよく聞いて、音に合わせた運動や動作をする。 ・歩く　・走る　・スキップ　・ケンケンパー ・横向きで　・後ろ向きで ・立つ　・座る　・ダンゴムシ ・1人で座る　・2人で　・3人で　等 ○ことばをよく聞いて、指示に合った動きをする。（命令ゲーム）（宝隠し） ・指示された色のマットに動く ・指示を聞いて身体や道具を動かす　等 ○見本を見たり記憶したりして再現する。（場所当てクイズ） ・見本を見て同じ場所に道具を入れる。 ・見本を記憶して同じ場所に入れる。
具体的な指導場面	「自立活動の時間における指導」 「各教科における指導」 「各教科等を合わせた指導」	「自立活動の時間における指導」 「各教科における指導」 「各教科等を合わせた指導」

3　指導の展開

3－1　「自立活動」の指導内容・方法等

　「自立活動の時間における指導」では、「身体の動き」と「環境の把握」に焦点を当て、安定した姿勢で日常生活動作や学習課題に円滑に取り組めることや、情報を読み取って行動する力を高めることを目指し、身体を支える力を高めながら、粗大運動課題や微細運動課題に取り組んだり、見たり聞いたりした情報に応じて行動する課題に取り組んだりします。

　「各教科における指導」「各教科等を合わせた指導」では、自立活動の「身体の動き」や「環境の把握」の目標や課題と関連させながら、日常生活の指導の着替

えや朝の運動、図画工作の造形遊び、国語の読み書きの指導、算数の操作活動等に取り組んでいきます。

【自立活動の時間における指導】

指導内容

○腕や足で身体を支え、その姿勢を保持したり手足を協調させて動かしたりする運動に取り組む。

○手指を使った操作を伴う課題に取り組む。

○リズムや合図、ことばをよく聞き、指示に合った動きや動作をする。

○見たり聞いたりしたことを記憶して、再現したり操作をしたりする。

具体的指導

○ブレインジム（はじめに、水を飲む）

①ブレインボタン…おへそに手を当て、鎖骨の下をさする。

②クロス・クロール…右手で左ひざ、左手で右ひざを交互にさわる。

③フックアップ…手と足を交差させてゆっくり深く呼吸する。

○身体を支える・バランスをとる運動

・フロントブリッジ　・バックブリッジ　・ハンドニーストレッチ　・スーパーマン

・片足立ち　・V字バランス

・足相撲…座った状態で手足を浮かせ、向かい合って互いに足で押し合う。

・クモ歩き→クモ鬼（クモ歩きの鬼ごっこ）

・クマ歩き→クマ鬼（クマ歩きの鬼ごっこ）

フロントブリッジ

バックブリッジ

ハンドニーストレッチ

スーパーマン

片足立ち

V字バランス

足相撲

クモ鬼

クマ鬼

○積み木積み・点結び・両手でグルグル・ビー玉転がし
・小さな積み木をできるだけ数多く積めるようにする。
・見本と同じように点から点へ線を結んだり、両手で同じ図形を描いたりする。
・友達と向かい合ってビー玉を転がし、手でキャッチしたり、箱でキャッチしたりする。

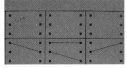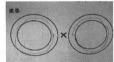

○リズムに合わせた運動・合図に合わせた動き
・太鼓のリズムに合わせ、いろいろな歩き方をする。
　（・歩く　・走る　・スキップ　・ケンケンパー等）
・太鼓の数に応じて、いろいろな動作をする。
　（・立つ　・座る　・ダンゴムシ　・1人で座る　・2人で座る　・3人で座る）

○命令ゲーム・宝隠し
・指示された色のマットに動いたり、指示を聞いて身体の一部を動かしたりする。
・宝を指示された場所に隠す（○○の上、○○の左など）

○場所当てクイズ
・見本を見て同じ場所に道具を入れる。見本を記憶して同じ場所に入れる。

指導の経過

指導のステップ１：「ブレインジム」は、頭がすっきりして集中力を高める効果があると言われていることから、毎回導入の時間に行うこととしました。「身体の動き」の課題では、始めは模倣しやすく、少しの時間なら姿勢を保持しやすい片足立ち、腕立て、スーパーマンなどの動きを中心に行いました。線なぞりや点結びも、易しいものから入り、本児が安心して取り組み、達成感が得られ、意欲や集中力が持続できるように配慮しました。「環境の把握」の課題では、本児が見て理解することが得意なことを生かし、はじめはリズムや合図を視覚的に示して動作と結びつきやすいようにして実施しました。また、上下左右の文字を示して、一つ一つ自分で判断しながら自信をもって取り組めるよう配慮しました。

指導のステップ２：「ブレインジム」で難しかったクロス・クロールの動きがスムーズになり、「ハンドニーストレッチ」のような左右で違う姿勢を保持することもできるようになってきました。フロントブリッジやＶ字バランスなどの姿勢を保持する時間も少しずつ長くできるようになり、クモ鬼や足相撲などの遊びの中で、楽しみながら身体を支える力を高めるようにしました。微細運動の課題でも、積み木を数多く積んだり、点の数を増やしたりするなどして、１つ上の課題がクリアできた達成感が味わえるようにしました。「環境の把握」の課題では、視覚的な手がかりを少なくしても取り組めるようになりました。

３－２　学習指導案

「区分：身体の動き、環境の把握」に重点を置いた自立活動の指導

（45分間／週１回）

（１）対象児童の本時の目標

○手元の積み木をよく見て10個以上積んだり、見本の線の方向に気をつけて点を結んだりすることができる。

○リズムや合図、ことばをよく聴き、指示に合う動きや動作をすることができる。

○箱の中のミニチュアが入っている場所を記憶し、同じ位置に置くことができる。

（２）その他の児童の自立活動の重点目標

　　Ａ児：「心理的な安定」「環境の把握」

　　Ｂ児：「身体の動き」「環境の把握」

　　Ｃ児：「身体の動き」「環境の把握」

　　Ｄ児：「身体の動き」「コミュニケーション」

　　Ｅ児：「心理的な安定」「環境の把握」

（３）本時の展開

	学習内容・学習活動	指導上の留意点・配慮事項 自立活動の指導項目	自立活動の指導のポイント 自立活動の指導項目
導入	○はじめの挨拶をする。 ①今日のメニューの確認 ②ブレインジム ・水を飲む ・ブレインボタン ・クロス・クロール ・フックアップ	・今日のメニューを絵と文字で提示し、見通しがもてるようにする。 ・やり方を拡大した絵を提示し、動作や動き方を模倣させる。〈全員〉 ・ゆったりと呼吸をしながら行うよう声をかける。 　身体・心理・コミュ	・活動ごとに、メニューに印をして見通しがもてるようにする。 ・本児の前に教員が立つようにし、模倣しやすくする。 ・動きのポイントを簡潔に伝える。 ・クロス・クロールは、歌に合わせてややゆっくりなテンポで行う。 　身体・心理・コミュ

③足相撲・クモ鬼 	・足相撲は体格や力などを考慮してペアを組むようにする。 ・腰を浮かせた状態で移動させる。 身体・人間・コミュ（クモ鬼）	・手足をマットから離した姿勢をとらせてから始めの合図をする。 ・クモの姿勢をそばで見せる。 身体・人間・コミュ
展開 ④合図で動こう （太鼓のリズムで） ・歩く ♩♩♩ ・走る ♫♫ ・スキップ ♩.♪ ♩.♪ ・ケンケンパー ♩♩♩ （太鼓の数で） ・立つ（２つ） ・座る（３つ） ・ダンゴムシ（１つ） ・１人で座る（１つ） ・２人で座る（２つ） ・３人で座る（３つ）	・太鼓のリズムに応じた動きをさせる。〈全員・個人〉 ・太鼓は児童の動きやすい速さ、一定のリズムに配慮する。 ・ランダムな方向に動いたり、円周上を並んで進んだりさせる。先頭を交代し、個々にリズムに合った動きができているか確認する。 身体・環境 ・太鼓の数に応じた動作をさせる。〈全員・個人〉 ・始めに動作のイラストを提示し太鼓の数と動きを確認する。 ・全体で動いたり、順番で一人ずつ動いたりするなど変化をつける。 ・後半は、太鼓の数だけ友達と集まって座る等、ルールを変えて行う。 身体・環境・人間・コミュ	・１回目は太鼓のリズムに合わせて「歩く」、「走る」「ケンケンパー」等の声掛けをし、その後太鼓のみとする。 ・先頭になって動いている場面で、リズムに合った動作をしているときは ✋ サインで即時評価をし、自信をもって動くことができるようにする。 身体・環境 ・始めは動作のイラストを提示するとともに、太鼓の音に重ねて「立つ」「歩く」「1・2・3」等の言語も手がかりとして入れる。その後は太鼓の音のみとする。 ・一人一人行う時は、✋ サインや短い「OK！」等の言葉で即時評価する。 身体・環境・人間・コミュ
⑤宝隠し 	・宝のカードを「○の右に入れます」等の指示で操作させる。 ・正解のシートで確認できるようにする。〈全員〉 環境・コミュ	・上下左右の向きを確認して課題に入る。 ・正解のシートを隣に置いて確認させる。 環境・コミュ
⑥場所当てクイズ 	・２人組で、１人がミニチュアを２つ入れ３秒提示して隠し、相手に同じように再現させる。実態に応じて、箱の枠の数やミニチュアの数を調整する。 環境・人間・コミュ	・違いのはっきり分かるミニチュアを使用する。 ・提示の前に「せーの！」と声をかけ、意識を集中させる。 環境・人間・コミュ
まとめ ⑦個別課題 ・点結び ・積み木積み 	・自分の場所で実態に応じた自立課題に取り組ませる。〈個別〉 （点結び・線なぞり・両手でグルグル・積み木積み等の課題） 身体・心理・環境	・簡単なものから入り自信をもって進められるようにする。 ・積み木の角をそろえるよう声掛けする。 身体・心理・環境

4　まとめ

　自立活動の項目「身体の動き」「環境の把握」を重点項目として目標を設定し、指導した結果、「身体の動き」については、バランスをとりながら姿勢を保持できるようになったり、身体の正中線を越えるような動きがスムーズになったりと、進歩が見られました。生活の場面では、片足で立ってズボンを脱いだりはいたりできるようになりました。また、なわとびでは、安定した姿勢で 1 分間以上続けて跳べるようになりました。

　微細運動では、当初 6 つ以上は難しかった積木を 10 個以上積めるようになり、点結びでもより複雑なものができるようになりました。学習面では、なぞりで大きくはみ出すことが少なくなり、やや画数の多い漢字の視写もできるようになってきました。スモールステップで進めたことで安心感や達成感をもって取り組むことができ、さらに意欲が向上しました。

　「環境の把握」については、リズムや合図をよく聞いてスムーズに動けるようになりました。また、命令ゲームや宝隠しなどの遊びの要素を取り入れたことで、上下左右などの方向を表す言葉にも関心をもって聞くようになりました。場所当てクイズでも、隠されることで注視するようになるなど、課題を通して以前よりもよく見たり聞いたりして行動できるようになりました。今後も、本児の持つ力がよりよく発揮できるよう、継続したいと思います。

「通級による指導」の「自立活動の時間における指導」

事 例

小学校3年

12 コミュニケーションに重点を置いた通級による指導における自立活動の指導

1　本事例の概要

　本児は小学校3年生の児童です。就学前に自閉症スペクトラムの診断を受けており、幼稚園に通いながら、民間の療育機関を利用していました。1年生の2学期から通級による指導を開始しています。指導開始前に受検した発達検査（WISC－Ⅳ）の知的発達水準（全検査IQ）は「平均の下」に位置しています。しかし、各指標間や下位検査評価点においてばらつきが見られ、認知発達のアンバランスが認められます。低学年の頃の課題であった学習態勢の確立や集団の流れに沿った行動、感情のコントロールなどは、できるようになってきています。一方で、遊びや会話など、友達との自発的な関わりや困った時の援助要求について引き続き取り組んでいく必要があります。

2　個別の指導計画

①　実態把握

　まずは、学校で引き継がれている資料から実態を把握しました。2年の時に作られた「個別の教育支援計画」や「個別の指導計画」（通常の学級用及び通級指導教室用）などです。また、在籍学級担任（クラス替えがあったが、2年からの持ち上がり）より聞き取りを行い、在籍学級の実態を把握することで、具体的な

指導の方針をたてていきました。なお、異動の関係で通級指導教室の前担当者との詳細な引き継ぎを行うことはできませんでした。

　在籍学級担任の話によると、自分の考えを言葉で伝えるということについて、授業後の振り返りや感想を書くことができるようになってきているとのことでした。また、自分から挙手をして発表することは少ないですが、全員が発表しなければいけない場面では、「早く済ませたい」という思いがあるようで挙手をして発表することができるそうです。一方で、グループ学習や係活動など、友達と一緒に活動する場面では、自分から声を発することはほとんどないとのことでした。また、休み時間は友達に誘われれば一緒に遊ぶことができますが、一人で過ごしていることが多いようです。

② 　実態を自立活動の区分に即して整理し、指導の方針をたてる

　児童の実態を自立活動の６区分に即して整理しました。特に、「友達と一緒に活動する場面で、自分から声を発することがほとんどない」は、「人間関係の形成」と「コミュニケーション」に整理しました。また、「休み時間に一人で過ごすことが多い」は、「人間関係の形成」と「身体の動き」に整理しました。

③ 　指導すべき課題の整理

　「友達と一緒に活動する場面で、自分から声を発することがほとんどない」ことの原因を主に２点考えました。１点目は、「他者と相互交流する際に必要なマナーや技能が十分に身に付いておらず、自分の意思や要求を言葉で伝える経験を積み重ねていない」ことであり、「コミュニケーション」の区分に位置づけられます。２点目は、「他者と関わりたいという意欲に乏しく、相手と関わる際の具体的な方法が十分に身に付いていない」ことであり、「人間関係の形成」の区分に位置づけられます。

　２点目については、「休み時間に一人で過ごすことが多い」ことの原因としても考えられます。また、その原因がボールを扱う運動の苦手さからきている可能性もあり、それは「身体の動き」の区分に位置づけられます。

④ 　学習上又は生活上の困難の視点から、重点項目を設定する

　①から③において、児童の実態から指導すべき課題の整理を行った結果、「人間関係の形成」「身体の動き」「コミュニケーション」を相互に関連づけることが必要と考え、それぞれを重点項目としました。特に「人間関係の形成」と「コミュニケーション」については、「◎」とし、より中心的な課題と考えました。

学部	小学校　3年		障害名等	自閉症スペクトラム	
全体像	1年2学期から通級による指導を開始。低学年の頃の課題であった学習態勢の確立や集団の流れに沿った行動、感情のコントロールなどは、できるようになってきている。自分の思いや考えを一斉指導の場で発表することに苦手意識をもっている。また、友達との活動の中で困ったことや分からないことがあった時に自分から声を掛けることが難しい。誘われて友達と一緒にいることはできるが、自発的な関わりは少ない。				
区分	健康の保持	心理的な安定	人間関係の形成	環境の把握	身体の動き	コミュニケーション
区分に応じた実態把握	基本的な生活習慣は身に付いている。自分の特性の理解は十分ではない。	在籍学級の授業を抜けることに不安がある。一方で、自分の特性理解が十分ではなく、改善・克服の意欲に乏しい。	概ね学級集団の流れに沿って行動することができている。休み時間、一人で過ごすことが多い。	周囲の状況や他者の気持ちを把握し、的確に判断したり、行動したりすることが難しい。	姿勢保持や書字などの基本的な動作は身に付いてきている。ボールを扱う運動に苦手さが見られる。	自分の体験や考えを文で書くことができるようになってきている。友達との活動の中で、自分から声を掛けることが難しい。
課題の整理	他者と相互交流する際に必要なマナーや技能が十分に身に付いておらず、自分の意思や要求を言葉で伝える経験を積み重ねていない。（コミュニケーション） 他者と関わりたいという意欲に乏しく、相手と関わる際の具体的な方法が十分に身に付いていない。（人間関係の形成） ボールを扱う運動が苦手である。（身体の動き）					
重点			◎		○	◎

⑤　指導目標の設定

　　上記④で重点項目とした3区分より、まずはコミュニケーションの指導に重点を置き、指導目標を「自分の意思や要求を友達に伝えることができる」としました。

⑥　指導目標・指導内容・指導形態

（1）長期目標

・自分の意思や要求を教員や友達に伝えられるようになる。

・教員や友達と一緒に楽しく過ごす。

・ボールの扱い方を身に付ける。

（２）短期目標と指導内容

重点項目	人間関係の形成	身体の動き	コミュニケーション
短期指導目標	・教員が仲介しながら、友達とボードゲームやカードゲームを楽しむ。	・ボールの扱い方に慣れ、キャッチボールを楽しむ。	・借りたいものややりたいことがある時に、許可を得る。 ・指名されて答えられない時に適切に対処する。
具体的な指導内容	・他者と関わることの楽しさや心地よさを味わわせる。 ・折り合いのスキルを教える。（自分の希望の伝え方、折り合いの付け方）	・ドッジボールにつながる動きをスモールステップで身に付けさせる。（ボールの避け方、取り方、投げ方）	・上手な話し方、頼み方に関連するコミュニケーションスキルを教える。 ・場面ごとの話型を示す。 ・場面を意図的に設定し、練習する。 ・言葉にできない時には、選択肢を提示し、伝えるように促す。
具体的な指導形態	小集団指導	個別指導	小集団指導 個別指導

3　指導の展開

3−1　指導内容・方法等

　通級による指導では、小集団指導と個別指導を組み合わせて指導しています。本児の指導時数は週１回２単位時間です。前項⑥（２）で示したように、自立活動の指導の重点項目と短期目標に対し、小集団指導では人間関係の形成とコミュニケーション、個別指導では身体の動きとコミュニケーションに焦点を当てて指導を行い、それらが総合的に働くことで、最終的に児童の指導目標の達成につながると考えました。

指導形態	小集団指導		個別指導
授業の名称	コミュニケーション	○○タイム	
指導の重点	コミュニケーション	人間関係の形成	コミュニケーション 身体の動き

　特にここでは、小集団指導（コミュニケーション）の授業においての展開を以下のようにまとめました。

テーマ	指導内容	具体的指導
上手に聞いたり話したりしよう	①上手な話の聞き方 ②上手な話し方 ③上手な発表、質問の仕方 　（挙手をしていないのに指名された時の対処を含む）	・スキルや話型を確認する。 ・スキルや話型を活用する場面や活動を設定し、練習する。 ・スキルや話型は、いつでも確認できるように掲示しておく。
上手に頼んだり断ったりしよう	①上手な頼み方【本時】 ②上手な断り方 ③協力の仕方（やることが分からない時の対処） ④協力の仕方（やることが終わってしまった時の対処）	・はじめは教員と、その後に友達と取り組むなど、スモールステップで活動させる。 ・うまく言葉にできない時には、選択肢を提示したり、教員の後に続けて言わせたりする。

＜身に付けさせたいコミュニケーションスキル＞

上手な話の聞き方	上手な話し方	上手な発表、質問の仕方
①やっていることをやめて ②相手を見て ③うなずきながら ④最後まで聞く	①合図をして ②相手を見て ③相手に聞こえる声で ④ゆっくり話す	①手をあげて ②指されてから ③返事をして話す
上手な頼み方	**上手な断り方**	**協力の仕方**
①名前を呼んで ②理由を言って頼む ③返事を待つ ④お礼を言う	①謝って ②理由を言って断る ③代案を提案する	①みんなと同じ時間に同じことをする ②やり方が分からない時は聞く ③早く終わったら手伝う

3－2　学習指導案

「区分：コミュニケーション」に重点を置いた通級による指導における自立活動の指導

（1）対象児童の本時の目標

・許可をとって色鉛筆を借りる。

・指名されて答えられない時に、「わかりません」「思いつきません」等と言う。

（2）その他の児童の自立活動の重点目標

　A児：「心理的な安定」「コミュニケーション」

　B児：「人間関係の形成」「コミュニケーション」

（３）本時の展開

	学習内容・学習活動	指導上の留意点・配慮事項 自立活動の指導項目	自立活動の指導のポイント 自立活動の指導項目
導入	・着座の姿勢を整える。 ・あいさつをする。 ・今日の予定を確認する。	・姿勢を整える時の4つのポイントを提示し、一つずつ確認（評価）する。 　身体・コミュ ・予定を板書しておく。 　心理・環境	・質問がないか個別に確認し、ある場合は挙手をさせる。 ＜対象児童＞ 　コミュ
展開	《復習》 ・前時のコミュニケーションスキルを確認する。（上手な発表、質問の仕方） 《なぜ学ぶのか》 ・何か物を借りたい時にどうしているか自分の経験を話す。 《めあて》 ・今日のめあてを確認する。 　借りたい物がある時の言い方を練習しよう。 《○○劇場》 ・教員による寸劇動画を見て、上手な頼み方のスキルを確認する。 《練習》 ・先生や友達に色鉛筆を借りて塗り絵をする。	・スキル表を提示する。キーワードを付箋等で隠し、確認する。 　コミュ ・必要に応じて児童の発言を教員1が要約して繰り返す。 　コミュ ・全員で声をそろえて読ませる。 　人間 ・動画の中の不適切な言動を確認する。相手の気持ちを想像させ、適切な言動を考えさせる。最後にスキル表を提示する。 　コミュ ・色鉛筆を1組だけ用意し、使う色も指定することで、必然的に借りる場面を作る。はじめは教員が全色持っていて、1人1本ずつ借りることで、徐々に友達から借りる場面を作っていく。 　コミュ ・話型を掲示しておく。 　コミュ	 ・すぐに発表できない時には、教員2と個別に発表内容を確認する。 ＜対象児童＞ 　コミュ ・指名されて答えられない時の言い方を事前に確認しておく。＜対象児童＞ 　コミュ ・相手の気持ちについて想像できない時は、4つの選択肢から選ばせる。＜全員＞ 　人間 ・借りる時に教員と友達では言い方が違うことを話型を見せて確認する。＜全員＞ 　コミュ ・色鉛筆を借りられずにいる時には、話型を確認させ、借りるように促す。＜対象児童＞ 　コミュ

まとめ	《まとめ・振り返り》 ・今日の学習で分かったこと、頑張ったことを発表する。 ・着座の姿勢を整える。 ・あいさつをする。	・本時のめあてに立ち返って発表するように助言する。 コミュ ・できていたところや頑張っていたところを教員1からも伝える。 心理	・すぐに発表できない時には、できていたところや頑張っていたところを教員2から伝え、それを参考に発表内容を考える。＜対象児童＞ コミュ

（4）集団構成

本児（3年生 ）、A児（1年生 ）、B児（2年生 ）

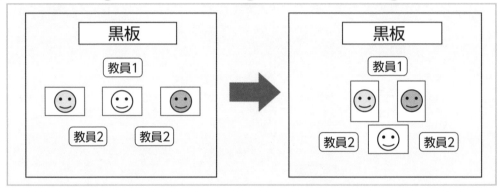

（5）使用教材

・スキル表（姿勢のポイント、上手な頼み方）

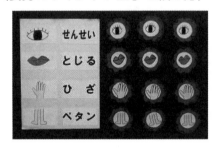 

・寸劇動画

（授業中、板書をノートに写している場面）
A君：「あっ、間違えちゃった」（消しゴムを探すが、見つからない）
　　　「B君、僕の消しゴム見つからないから貸して」
　　　（返事を待たずに、隣のB君の消しゴムを使う）
B君：「僕の消しゴム勝手に使わないでよ」
A君：「え？ちゃんと『貸して』って言ったよ」

・表情絵カード　・塗り絵（見本用、児童配布用）　・話型（塗り絵用）
・色鉛筆（１組）

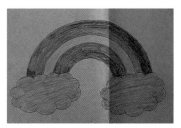
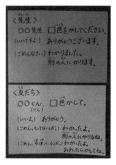

4 まとめ

　本児の自立活動の指導目標「自分の意思や要求を言葉で伝えられるようになる」について、上手な話し方や頼み方に関わるコミュニケーションスキルを教え、それらを使う場面を設定して練習することを繰り返していきました。スキルを教える時に使用する寸劇動画に興味を示し、進んで挙手をして発言する様子が見られるようになりました。一方で、自分の経験を話したり相手の気持ちを推測したりすることに、苦手さが見られました。指名されて発言できないと黙ってしまい、周りを待たせてしまうので、10秒経っても答えが思いつかなかったら、「わかりません」か「思いつきません」と言うことを教えました。はじめのうちは教員２が小声で「10秒経ったよ」と合図を送っていましたが、徐々に自分から言えるようになってきました。教員１からは、「わからない」という意思表示ができたことをほめて価値づけました。そして、苦手意識のある自分の経験を話したり、相手の気持ちを推測したりする練習は、個別指導の中に組み込むようにしました。また、○○タイムの時間を使い、遊びや順番などを決める時に、自分の希望を言ったり、折り合ったりする経験を積ませていきました。話型を示し、やり取りの方法を大きく変えずに繰り返すことで、徐々にスムーズに折り合って遊べるようになってきました。

　今後の課題は通級指導教室でできるようになったことを在籍学級などの日常生活に般化させていくことです。通級指導教室で教えたスキルは在籍学級担任とも共有しており、在籍学級で活用できそうな場面での声掛けや助言をお願いしています。通級指導学級での成功体験がコミュニケーションへの意欲や自信につながっていくよう、引き続き在籍学級と連携して指導を進めていきたいと考えています。

第6章

「自立活動の時間における指導」の現状と展望

～小学部を設置する知的障害特別支援学校等への調査から～

1 知的障害教育における自立活動の指導の特徴

　知的障害教育における自立活動の指導は、文部科学省（2018）が示す特別支援学校学習指導要領解説 各教科等編（小学部・中学部）において、「顕著な発達の遅れや特に配慮を必要とする様々な知的障害に随伴する状態」等に応じた指導が必要とされています。

特別支援学校学習指導要領解説 各教科等編（小学部・中学部）第4章第2節3（2）
エ　自立活動
　知的障害のある児童生徒は，全般的な知的発達の程度や適応行動の状態に比較して，言語，運動，動作，情緒等の特定の分野に，顕著な発達の遅れや特に配慮を必要とする様々な状態が知的障害に随伴して見られる。
（略）
　このような状態等に応じて，各教科の指導などのほかに，自立活動の内容の指導が必要である。

　この「顕著な発達の遅れや特に配慮を必要とする様々な知的障害に随伴する状態」とは、同解説では、「言語面では，発音が明瞭でなかったり，言葉と言葉を滑らかにつないで話すことが難しかったりすること，運動動作面では，走り方がぎこちなく，安定した姿勢が維持できないことや衣服のボタンかけやはさみなどの道具の使用が難しいこと，情緒面では，失敗経験が積み重なり，自信がもてず絶えず不安が多いことなどである。また，てんかんや心臓疾患なども，随伴する状態等として挙げられる。」と例示しています。これらの状態に応じた指導は、知的障害教育の教科である国語科や体育科の指導内容であり、「各教科等を合わせた指導」である日常生活の指導等で扱う内容そのものであると考える教師も少なくありません。さらに、自立活動の指導が「顕著な発達の遅れや特に配慮を必要とする様々な状態が知的障害に随伴して見られる。」ことへの指導内容の設定が漠然として分かりにくいとする教師の声もあります。そして、知的障害教育において自立活動の指導は、個別に実施する指導体制の確保が難しいことや、自立活動の指導の専任教諭が少ないこともあり、他の障害種別と比べると、いわゆる「自立活動の時間における指導」を実施している学校が少ないという特徴があります。

　知的障害特別支援学校における自立活動の指導形態では、山本の調査によると、普通学級において時間割に自立活動を位置づけた「自立活動の時間における指導」を実施している学校の割合は、小学部で30.1％、中学部で25.0％となっています。また、重複学級においては、小・中学部ともに6割弱（小学部64.7％、中学部

62.0％）の実施割合となっています（山本，2010，13頁）。そして、国立特別支援教育総合研究所の報告書（2012）によれば、全国の特別支援学校842校から回答を得た調査で、教育課程上に「自立活動の時間における指導」を設定している学校は、視覚障害79％、聴覚障害93％、肢体不自由94％、病弱98％であるのに対し、知的障害では45％にとどまっています。その「自立活動の時間における指導」を「特に設定していない」知的障害特別支援学校は25％で、「特に設定していない理由」として、「学校教育全般を通じて行っている」「各教科等の中で必要に応じて指導する」「専任の教員がいない」といった記述があり、知的障害特別支援学校での自立活動の指導の実態が報告されています。

2 小学部を設置する知的障害特別支援学校等の「自立活動の時間における指導」の実際

全国特別支援学校長会（2019）の研究集録では、知的障害特別支援学校小学部を対象に、知的障害特別支援学校における自立活動の指導の実際を報告しています。この調査は、知的障害教育部門と併せて他の障害教育部門を併置する特別支援学校596校を対象に実施しています。調査実施時期は、2018（平成30）年5月から6月末までとして、584校から回答（回答率97.9％）を得ています。本稿では、この調査結果の分析を行った中西・荒川（2019）の報告内容も加えて記述します。

（1）普通学級における自立活動の授業時間を特設し、週時程に位置づけている学校数等について

ア．普通学級における自立活動の授業時間を特設し、週時程に位置づけている学校

小学部普通学級において「自立活動の時間における指導」を特設し、週時程に位置づけている学校は364校（62.3％）あり、回答を得た584校の6割以上の学

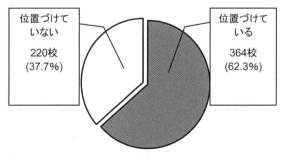

図1　普通学級における「自立活動の時間における指導」を特設し週時程に位置づけている学校数（N：584校）
（全国特別支援学校長会（2019）令和元年度研究集録より作成）

校で「自立活動の時間における指導」を実施しています（図1）。山本（2010）の調査の「自立活動の時間における指導」を特設している学校の割合が30.1％という結果や、国立特別支援教育総合研究所（2012）の調査の45.0％という結果と比較すると、普通学級において「自立活動の時間における指導」を特設している学校の割合は増えています。この調査から知的障害特別支援学校において、「自立活動の時間における指導」を重要としている学校が増えていることが分かります。

都道府県内のすべての学校で「自立活動の時間における指導」を特設し、週時程に位置づけている都道府県は10県ありました（表1）。

表1　県内のすべての学校が「自立活動の時間における指導」を特設し、週時程に位置づけている県

地方別総数		都道府県	
東北	1	青森県	
関東	2	茨城県	栃木県
中部	2	岐阜県	富山県
中国	2	鳥取県	島根県
四国	1	徳島県	
九州	2	福岡県	沖縄県
n	10		

また、都道府県内の学校の普通学級において「自立活動の時間における指導」を特設している学校数（割合）が多い都道府県は8県あり（表2）、「自立活動の時間における指導」を特設している学校が多い県は47都道府県中18県になります。

表2　「自立活動の時間における指導」を特設し、週時程に位置づけている学校の割合が多い県

地方別総数		都道府県別学校数			
東北	1	宮城県	14（16）		
関東	1	埼玉県	23（25）		
中部	2	山梨県	4（ 5）	福井県	7（ 8）
近畿	2	三重県	9（10）	和歌山県	7（ 9）
九州	2	長崎県	8（ 9）	大分県	11（12）
n	8				

数値は学校数、（　）内の数値は当該都道府県の知的障害特別支援学校等数

しかし、都道府県内の学校の普通学級において「自立活動の時間における指導」を特設し、週時程に位置づけている学校数の割合が低い都道府県は5県ありました。そのうち、都道府県内のすべての学校が「自立活動の時間における指導」を

特設せず、週時程の位置づけがない県は、岩手県、秋田県、佐賀県です。また、「自立活動の時間における指導」を特設して週時程に位置づけていないなど、位置づけている学校の割合が極端に低かったのが東京都や神奈川県でした（表3）。

表3 「自立活動の時間における指導」を特設し、週時程に位置づけている学校の割合が低い県等

	地方別総数	都道府県別学校数	
「自立活動の時間における指導」を県内の全ての学校で位置づけていない県	東北 2 九州 1	岩手県 佐賀県	秋田県
「自立活動の時間における指導」を位置づけている学校の割合が低い都道府県	関東 2	東京都 2（30）	神奈川県 3（26）
	n 5		

数値は学校数、（ ）内の数値は当該都道府県の知的障害特別支援学校等数

　調査では、「自立活動の時間における指導」を設置して指導している学校が62.3%の割合でしたが、授業時間を特設した指導の中には、週時程で「自立活動／国語」と示されるような自立活動と各教科を各週や隔月で行っている場合や、自立活動と各教科を1つの授業の中で両方を行っている特設の仕方も含まれて回答されていることも考えられます。また同様に「自立活動／日常生活の指導」と示される指導の仕方を特設の「時間における指導」として位置づけていることも考えられます。そこで、大井・中西ら（2020）は、全国の国公立知的障害特別支援学校小学部設置校603校を対象にした「自立活動の時間における指導」の調査を実施し、「自立活動の時間における指導」を位置づけている199校の週時程への記載方法について明らかにしています。その調査結果では、複数回答としているため延べ257校の回答があり、年間を通じ自立活動のみを行う「自立活動」としている学校は156校（78%）と多く、続いて自立活動と各教科等を合わせた指導を1コマの中で両方を行う「自立活動／合わせた指導」が47校（24%）、自立活動と各教科を1コマの中で両方を行う「自立活動／各教科等」が41校（21%）となっています。また、「自立活動／各教科等」と記載し、自立活動と各教科を隔週や隔月で行う学校が7校（4%）、「自立活動／合わせた指導」と記載し、自立活動と各教科等を合わせた指導を隔週や隔月で行う学校が6校（3%）となっています（図2）。この調査結果から「自立活動の時間における指導」は、自立活動の指導のみを取り扱う指導として設けられていることが分かります。

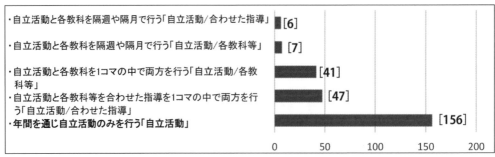

図2　自立活動を週時程に位置づけている学校の自立活動の週時程への記載方法（N：199校）

イ．普通学級における「自立活動の時間における指導」の指導時間

　普通学級において「自立活動の時間における指導」を特設し、週時程に位置づけている学校364校の自立活動の指導時間の平均は、週当たりの授業回数が3.97回、1回の実施時間は約38分でした。また、週当たりの総指導時間の平均時間は、2時間2分で45分の授業時間で換算すると約2.7単位時間とあります。3時間を超えるなどの指導時間が多い県は5県ありました（表4）。

　週当たりの回数等では、最も少ない香川県で週1回、1回の実施時間が45分で、週当たりの回数等が最も多い奈良県では週10.83回、1回の実施時間が43.33分、週当たりの総授業時数は7時間56分となっています。この指導時間数については、山本や国立特別支援教育総合研究所の調査にはありませんでしたので、この調査を行っていた埼玉県立総合教育センターの調査と比較します。

表4　週当たりの「自立活動の時間における指導」の総指導時間の平均時間が多い学校の県等

地方別総数		都道府県内の学校の週当たりの自立活動の平均時間	
中部	1	福井県　（3時間2分）	
近畿	2	大阪府　（3時間32分）	奈良県　（7時間56分）
中国	1	山口県　（3時間25分）	
四国	1	徳島県　（3時間0分）	
n	5		

（　）内の数値は週当たりの「自立活動の時間における指導」の総指導時間の平均時間

　埼玉県立総合教育センターの調査（2013）では、埼玉県内の知的障害特別支援学校24校で「自立活動の時間における指導」を実施していて、普通学級の「自立活動の時間における指導」の授業時数は、週平均授業時間が小学部低学年で2.38単位時間、小学部高学年で2.04単位時間、中学部で2.04単位時間としています。県内の多くの知的障害特別支援学校で自立活動を実施している埼玉県の調査と比

較すると、普通学級における「自立活動の時間における指導」の週平均授業時間が多くなっています。

（2）重複学級における「自立活動の時間における指導」を特設し、週時程に位置づけている学校数等について

ア．重複学級における「自立活動の時間における指導」を特設し、週時程に位置づけている学校

　小学部重複学級において「自立活動の時間における指導」を特設し、週時程に位置づけている学校は、回答があった 546 校のうち、469 校（85.9％）です（図 3）。小学部重複学級においては、特別支援学校学習指導要領にある「重複障害者等に関する教育課程の取扱い」に基づく自立活動を主として指導を行うことができることから、従前より「自立活動の時間における指導」を特設して指導を実施してきた学校が多くありました。今回の調査では 85.9％の学校で位置づけていて、山本（2010）の調査の小学部での 6 割超（63.3％）を大きく上回る学校数でした。知的障害特別支援学校では、重複学級においても「自立活動の時間における指導」を特設している学校は大幅に増え、自立活動の指導を重視していることが分かります。

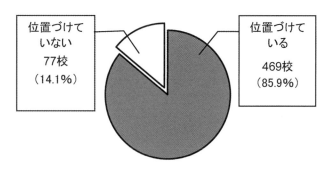

図3　重複学級における「自立活動の時間における指導」を特設し週時程に位置づけている学校数（N：546 校）
（全国特別支援学校長会（2019）令和元年度研究集録より作成）

　県内のすべての学校において重複学級で「自立活動の時間における指導」を特設し、週時程に位置づけている県等は 47 都道府県中 22 県です。しかし、神奈川県においては、回答した 27 校のうち 20 校が重複学級においても「自立活動の時間における指導」を特設することなく、週時程に位置づけていない学校が多くありました。重複学級で「自立活動の時間における指導」を特設することなく、週時程に位置づけていない学校の割合が多い県は 7 府県ありました（表 5）。

表5　重複学級で「自立活動の時間における指導」を特設することなく、
週時程に位置づけていない学校の割合が多い県等

地方別総数		都道府県別学校数					
東北	1	山形県	3 (9)				
関東	1	神奈川県	20 (27)				
近畿	3	京都府	2 (6)	大阪府	7 (20)	奈良県	2 (5)
中国	1	岡山県	6 (10)				
四国	1	高知県	1 (3)				
n	7						

数値は学校数、（　　）内の数値は当該都道府県の知的障害特別支援学校等数

イ．重複学級における「自立活動の時間における指導」の指導時間

　重複学級において「自立活動の時間における指導」を特設し、週時程に位置づけている学校469校の自立活動の指導時間の平均は、週当たりの授業回数が7.19回、1回の実施時間が42.94分でした。週当たりの回数等が最も少ない高知県では週3回、1回の実施時間が40分でした。また、週当たりの回数等が最も多い岩手県では週13.67回、1回の実施時間が41.89分でした。週当たりの「自立活動の時間における指導」の総指導時間の平均時間は、4時間42分（45分の授業時間で換算すると約6.2単位時間）でしたが、3時間を下まわる指導時間の県は10都道府県ありました（表6）。

表6　週当たりの「自立活動の時間における指導」の総指導時間の平均時間が少ない学校の県

地方別総数		都道府県内の学校の週当たりの自立活動の平均時間		
関東	1	東京都（2時間45分）		
近畿	3	三重県（2時間15分）	兵庫県（2時間24分）	和歌山県（2時間34分）
中国	2	鳥取県（2時間3分）	岡山県（2時間33分）	
四国	3	香川県（2時間47分）	愛媛県（1時間50分）	高知県（2時間0分）
九州	1	佐賀県（2時間2分）		
n	10			

（　　）内の数値は週当たりの「自立活動の時間における指導」の総指導時間の平均時間

　埼玉県立総合教育センターの調査（2013）では、重複学級では小学部低学年で6.93単位時間、小学部高学年で6.22単位時間、中学部で5.24単位時間としています。重複学級における「自立活動の時間における指導」の実施時数は、例えば埼玉県の調査と比較すると、週の時間数において変化がないことから、週当たりの「自立活動の時間における指導」は、4時間42分（45分の授業時間で換算す

ると約 6.2 単位時間）が妥当な時間と判断されていると考えられます。

3 「自立活動の時間における指導」の充実に向けての展望

知的障害特別支援学校において自立活動を「自立活動の時間における指導」として特設して指導している学校は、2018 年に実施された全国特別支援学校長会の調査と今までの調査等と比較すると、普通学級、重複学級ともに増加しています。そして、普通学級においては「自立活動の時間における指導」を特設した授業時間も増加していることから、知的障害特別支援学校において自立活動の指導は重要な指導に位置づけられつつあるといえます。

自立活動の目標は、「心身の調和的発達の基盤を培う」こととされています。教科指導等が調和的発達を培うものと考えますと、その基盤を培う自立活動の指導は、教科指導と別に指導することが効果的であると考えられます。つまり、自立活動の指導の基盤の上に、各教科等の指導があると位置づけられます（図4）。

図4　自立活動と各教科等の指導との関係

2018（平成30）年3月に示された特別支援学校教育要領・学習指導要領解説総則編（幼稚部・小学部・中学部）では、「授業時数を標準として示さないからといって，自立活動の時間を確保しなくてもよいということでなく，個々の児童生徒の実態に応じて，適切な授業時数を確保する必要がある。」として、「自立活動の時間における指導」を特設して指導することの必要性が強調されています。そのようなことを踏まえると知的障害教育における教育課程に、「自立活動の時間における指導」の位置づけをより一層検討していく必要があります。

現在、知的障害教育の教育課程は、「各教科等を合わせた指導」を核とした教育課程から「教科別の指導」を核にした教育課程への見直しが図られつつありますが、さらに「自立活動の指導」を核とした教育課程へと検討を進めていくことが望まれます（図5）。その検討において重複障害の児童の教育課程では、自立

活動の指導を核としながらも教科指導等の内容とその基盤を培う自立活動の指導内容との区別をより明確にしていく必要があります。特別支援学校教育要領・学習指導要領解説 総則編（幼稚部・小学部・中学部）第3編第2章「第8節 重複障害者等に関する教育課程の取扱い」を適用する際の基本的な考え方では、「本規定を適用する場合，障害が重複している，あるいはそれらの障害が重度であるという理由だけで，各教科等の目標や内容を取り扱うことを全く検討しないまま，安易に自立活動を主として指導を行うことのないように留意しなければならない」とされています。自立活動の指導を核とした重複障害の児童の教育課程の充実を図る上で、いわゆる心身の調和的な発達の基盤に着目して指導する自立活動の指導内容を精選して教育課程を編成していくことが重要です。

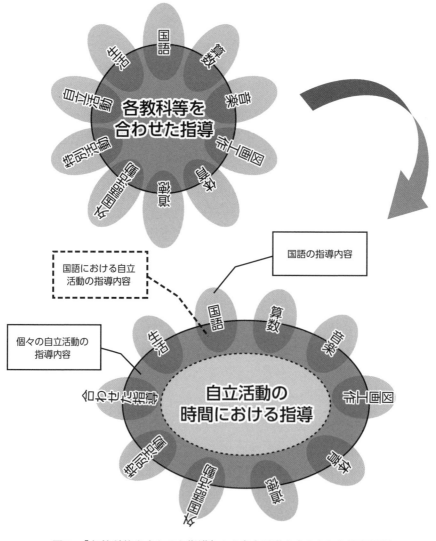

図5 「各教科等を合わせた指導」から自立活動を中心とした教育課程

　大井・中西ら（2020）の「自立活動の時間における指導」を週時程に位置づけ
ている学校と週時程に位置づけていない学校との比較では、学習指導要領の改訂
を踏まえた自立活動の指導の内容・方法等の充実策を検討している学校は、「自
立活動の時間における指導」を週時程に位置づけている学校の割合が 10％多く
なっています。さらに、学校の教育計画における「自立活動の充実」の重点目標
の設定においても「自立活動の時間における指導」を週時程に位置づけている学
校の割合が 9％多くなっています。このことは、「自立活動の時間における指導」
を週時程に位置づけている学校のほうが学習指導要領の改訂を踏まえ、自立活動
の指導の内容・方法等の充実に積極的であると言えます。しかし、その他の項目
の多くで顕著な差異はなく、「自立活動の時間における指導」の有効性が明確に
なっているとは言えません。今後、「自立活動の時間における指導」を設置する
知的障害特別支援学校が増えつつあることも踏まえて、知的障害教育における「自
立活動の時間における指導」の実態についてさらに調査を進めるとともに、「自
立活動の時間における指導」の優れた実践事例を収集していく必要があります。

【引用・参考文献】
大井靖・中西郁・日高浩一・岩井雄一・丹羽登・濱田豊彦・渡邉健治・蓮香美園・上地ひかり（2020）知的
　障害特別支援学校を対象にした「自立活動の時間における指導」についての研究，Journal of Inclusive
　Education Vol.9，1-22 頁
埼玉県総合教育センター（2013）知的障害特別支援学校及び特別支援学級における知的障害のある児童生徒
　の自立活動に関する調査研究Ⅱ，平成 25 年度調査研究報告書第 371 号，埼玉県立総合教育センター特別支
　援教育担当,6.19 頁
全国特別支援学校長会（2019）令和元年度研究集録，4 頁
独立行政法人国立特別支援教育総合研究所（2012）平成 14 年度プロジェクト研究「盲・聾・養護学校におけ
　る新学習指導要領のもとでの教育活動に関する実際的研究―自立活動を中心に―」報告書 全国盲・聾・養
　護学校における自立活動の指導に関する実態調査,平成 15 年 3 月,30 頁
独立行政法人国立特別支援教育総合研究所（2012）特別支援学校における新学習指導要領に基づいた教育
　課程編成の在り方に関する実際的研究（平成 22 年～平成 23 年度）アンケート調査報告書（速報版）,22-23
　頁
中西郁・荒川早月（2020）知的障害特別支援学校における自立活動の指導の現状について―知的障害特別支
　援学校への自立活動の指導に関する全国調査を中心に―,十文字学園女子大学特別支援教育センター研究紀
　要第 8 号,2-12 頁
文部科学省（2017）特別支援学校幼稚部教育要領小学部・中学部学習指導要領,62 頁,201 頁
文部科学省（2018）特別支援学校教育要領・学習指導要領解説 総則編（幼稚部・小学部・中学部）,227 頁
文部科学省（2018）特別支援学校学習指導要領解説各教科等編（小学部・中学部）,30 頁
山本恵利子（2010）知的障害特別支援学校における自立活動の現状と今日的課題に関する研究―自立活動専
　任教員配置校への調査を通して―,弘前大学大学院教育学研究科修士課程学校教育専攻学校教育専修論
　文,16 頁
渡邉健治（2017）知的障害教育と生きる力,知的障害教育における生きる力と学力形成のための教科指導,
　ジアース教育新社,6-23 頁

第7章

知的障害教育における
自立活動の歩みと
今後の課題

1 養護・訓練、自立活動の導入の経緯

　知的障害教育における自立活動の指導を考える時、自立活動がどのようにして導入されてきたのかを知ることはとても重要です。自立活動は1971（昭和46）年に盲・聾・養護学校に養護・訓練として導入されました。歴史的には、学習指導要領に養護・訓練が導入される以前より、視覚障害、聴覚障害、肢体不自由、病虚弱においては養護・訓練的な指導が試みられていました。盲学校では点字指導や白杖の指導、聾学校では聴能訓練や言語指導が行われていました。1963（昭和38）年の肢体不自由養護学校の学習指導要領では教科として「体育（保健体育）・機能訓練」が新設され、病弱養護学校の学習指導要領では「養護・体育（保健体育）」が新設されています（文部省，1963）。これらの試みは、「特別の訓練等の指導」が必要であるという認識を高め、「養護・訓練」の新設への大きな力となりました。

　特殊教育諸学校の教育課程の改訂を進めるため、文部大臣は1969（昭和44）年12月に教育課程審議会に「盲学校・聾学校及び養護学校の教育課程の改善について」を諮問しました。その具体的項目の（3）として、以下のような内容があげられました（杉田，1971，162頁）。

（3）対象児童・生徒の心身発達上の遅滞や欠陥を補うために必要な特別な指導分野についての教育課程上のとり扱いについて。この特別な指導分野とは、視覚障害者に対する感覚訓練、聴覚障害者に対する聴能訓練、肢体不自由者に対する機能訓練、精神薄弱者に対する職能訓練など教育課程における位置づけを明確にし、一層充実を図るためにどのように扱ったらよいか。

　教育課程審議会には「精神薄弱」関係の5名を含め「特殊教育」の関係者24名が委嘱されました（杉田，1971，162頁）。一方、学習指導要領の改訂にあた

る教育課程改善調査研究協力者会議が文部省に設置され、その委員として 22 名が委嘱され、教育課程審議会と連絡を取り合って作業が進められました（三木, 1971a, 157 頁）。

　山口薫は「教育課程改善調査研究協力者会議」の審議資料に基づき、「養護・訓練」が新設されるまでの経緯を以下のように述べています（山口, 1972, 22 頁）。

　○「養護・訓練」は「精神薄弱」以外の「特殊教育」のイニシアティブによって設けられた。
　○旧学習指導要領において、他の特殊教育で肢体不自由の「体育・機能訓練」のように実施されていたものが、独立して「養護・訓練」に発展した。
　○精神薄弱では、他の特殊教育における、動きに相応して「職能訓練」、「言語訓練」、「生活訓練」の三つが問題になり、これを新しい領域とするか、教科の中にくみいれるか—例えば「国語・言語訓練」、「技術・職能訓練」、「家庭・生活訓練」—が審議された。
　○「職能訓練」、「言語訓練」、「生活訓練」の中ではっきりしていたのは「言語訓練」、「職能訓練」はあいまいであった。審議の途中で「言語訓練」不要論がでたり、「生活訓練」を除いた「言語」と「職能」だけで新領域を考えようとした段階もあった。
　○新領域の名称が「養護・訓練」に決定したのは最終段階で、それまでは「特別の指導分野」、「特定指導訓練」、「特別指導領域」等、さまざまな呼び方が用いられた。

　山口の説明により、「養護・訓練」をめぐり、「精神薄弱」教育関係者の間でどのような議論がなされたのか理解することができると思います。

　1970（昭和 45）年に教育課程審議会の答申「盲学校、聾学校および養護学校の教育課程の改善について」が出されました。この答申で、「養護・訓練」の新設について、次のように述べられています（全日本特殊教育研究連盟他, 1971, 263 頁）。

　「心身に障害を有する児童生徒の教育において、その障害からくる種々の困難を克服して、児童生徒の可能性を最大限に伸ばし、社会によりよく適応していくための資質を養うためには、特別の訓練等の指導がきわめて重要である。これらの訓練等の指導は、ひとりひとりの児童生徒の障害の種類・程度や発達の状態に応じて、学校の教育活動全体を通し配慮する必要があるが、さらになお、それぞれに必要とする内容を、個別的、計画的かつ継続的に指導すべきものであるから、各教科、道徳及び特別活動とは別に、これを『養護・訓練』とし、時間を特設して指導する必要がある」

ここにおいて、①特別の訓練等の指導が極めて重要であること、②訓練等の指

導は、学校の教育活動全体を通し配慮する必要があること、③各教科、道徳及び特別活動とは別に、「養護・訓練」として時間を特設して指導する必要がある、等のことが述べられています。

　この答申を受け 1971（昭和 46）年に「養護学校（精神薄弱教育）小学部、中学部学習指導要領」が改訂されました。第 1 章総則の「第 4　養護・訓練」において以下のように定められました（文部省，1971，109 頁）。

> 　心身の障害に基づく種々の困難を克服させ、社会によりよく適応していく資質を養うため、養護・訓練に関する指導は、養護・訓練の時間はもちろん、学校の教育活動全体を通じて適切に行うものとする。
> 　特に、養護・訓練の時間における指導は、各教科、道徳および特別活動と密接な関連を保ち、個々の児童または生徒の心身の障害の状態や発達段階に即して行うように配慮しなければならない。

　養護・訓練に関する指導」は、「養護・訓練の時間」と学校教育活動全体を通じて行うことが示されました。また、「第 5 章　養護・訓練」において養護・訓練の「目標」は「児童または生徒の心身の障害の状態を改善し、または克服するために必要な知識、態度および習慣を養い、もって心身の調和的発達の基礎をつちかう。」とされました（文部省，1971，119 頁）。そして「内容」は「A　心身の適応、B　感覚機能の向上、C　運動機能の向上、D　意思の伝達」とされました。また、重複障害者の学習について、養護・訓練との関係では「重複障害者のうち、学習が著しく困難な児童又は生徒については、各教科、道徳及び特別活動の目標及び内容に関する事項の一部を欠き、養護・訓練を主として指導を行うこと。」とされました。これは、後述することになりますが、三木が主張する教科の基礎としての「養護・訓練」が位置づけられたことをも意味します。

　先述の山口の説明により、「養護・訓練」が新設されるまでの経緯は明らかになりました。しかし、学習指導要領が改訂された当時、知的障害教育における「養護・訓練」の受け止めはどのようだったでしょうか。

　1970（昭和 45）年の教育課程審議会の答申では、「障害の程度が重い重複障害者については、発達の状態等から特に必要がある場合は、養護・訓練を主とした適切な教育課程を編成できるようにすること」と示されています。三木安正はこのことについて、以下のように述べています（三木，1971b，4 頁）。

> 「知的障害およびそれを含む重複障害の場合、障害の程度が重くなればなるほど、教科、道徳、特別活動等は困難になり、養護・訓練的指導の割合が大きくなる。それゆえ、

非常に重度の障害の場合は、養護・訓練だけということになるが、そうしたものをも "教育" と考えていこうとする思想がこの答申には含まれていると思う。」

　この三木の解釈は、直接ではないにしても、後に養護・訓練の理解において問題とされるものです。また三木は、「養護・訓練」の考え方、教育課程上の位置づけについて次のように提言しております（三木，1972，3頁）。

　「一口にいって、私は『養護・訓練』は、精神薄弱教育の基礎工事にあたるものであると考える。特殊学級の担任が、よく "学習（または教育）以前の教育" ということをいわれるのをきいてきたが、精薄児教育ではいわゆる読み書き算数の学習にはいる前の段階の教育がいろいろあるということを表現したものである。衣服や靴の着脱とか排泄、食事の自立とかの指導もしなくてはならないし・・・。実際、読み書き算数などの授業ができるような段階になれば楽なもので、それまでが大変なのである。しかも、そういうものは従来は教育と認められていなかった。けれども、その "教育" なしには精薄児教育は存在しないといってよい。それを "教育" と認めたのが、「養護・訓練」が設けられた理由といってよいのではなかろうか。」

　三木の「養護・訓練」の理解には、教科等の教育の基礎に「養護・訓練」があるというものでした。当時、三木は全国特殊教育研究連盟の理事長であり、知的障害教育のリーダーとして影響力を持っており、「養護・訓練」の有力な考え方であったと言えると思います。そして、文部省の調査官で最初の知的障害養護学校の学習指導要領の作成に関わり、当時は養護学校の教頭になっていた中沢勝彦は、学習指導要領の教育目標の冒頭で「健康で明るい生活をするために必要な心身諸機能の調和的発達を図ること」が掲げられ、そして前文において「それぞれの教育目標をじゅうぶんに達成するための基盤となる基本的な能力の伸長を図らねばならない」ことが明記されていることをあげ、「養護・訓練」はこのような教育目標を達成するために設定された領域であり、「養護・訓練」指導を通して教科等の学習活動への参加をより円滑にする重要な役割をもっている、と述べています（中沢，1972，15頁）。

　盲学校、聾学校、肢体不自由養護学校、病虚弱養護学校と知的障害養護学校とにおいては、「養護・訓練」の考え方や取り組みにおいて基本的な相違がありました。1975（昭和50）年の文部省の「養護・訓練指導事例集　精神薄弱児教育編」では、その相違を図で示しています（文部省，1975，15頁）。

　タイプⅠは、障害が重くなれば「養護・訓練」の授業時間が多くなり、軽度であれば少なくなるというものです。タイプⅡは、「養護・訓練」は、元々領域として設定されたものであるから、本来ならこのような理解以外は考えられないはずです。しかし、知的障害教育は、視覚、聴覚など他の障害と異なり、「養護・訓練」の取り組みに苦慮しており、三木安正の影響などを受け、この時期には知的障害において独特の理解が生じたものと思われます。

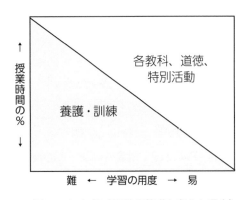

| 図1　タイプⅠ（教科の基礎と考えた場合） | 図2　タイプⅡ（主として領域とした場合） |

図3　L型養護・訓練（タイプⅠ＋タイプⅡ）

　図３は、タイプⅠとタイプⅡとを折衷した考え方である（松崎，2000，88頁）。「養護・訓練」として考えた場合、タイプⅠは、知的障害教育においては理解しやすいし、取り組みも可能であると思われます。しかし、視覚障害など知的障害以外の障害の諸学校ではあいまいなものとなり、「養護・訓練」を領域として設定した意味が薄れてしまいます。それ故、当時は、盲学校、聾学校、養護学校の全体の「養護・訓練」を示すのには、Ｌ型「養護・訓練」とした方が落ち着いたのだと思われます。

　また、「養護・訓練の時間における指導」と「養護・訓練に関する指導」を分けて説明しています。「養護・訓練の時間における指導」は「①抽出による指導」と「②特設による指導」とに分けられ、①の抽出方式は、特に養護・訓練を必要とする個人や小集団を学級から抽出して、普通の授業と同時に並行して行われる指導形態とし、②の特設方式は「養護・訓練」の時間割を特別に編成し、学校あるいは学年全員を対象にして行われる指導形態である、としています。そして「養護・訓練に関する指導」は、「障害の程度が比較的軽い場合は、『養護・訓練に関する指導』が主となるであろう。すなわち、学校の教育活動全体を通じて適切に行うということである」とされています。学校教育全体で実施することを、養護・訓練的な配慮をしてやることから、配慮による養護・訓練と呼ばれることもあると説明しています（文部省，1975，16-17頁）。

3　「養護・訓練」の発達の偏りという捉え方

　1979（昭和54）年に盲学校、聾学校、養護学校の学習指導要領の改訂がなされました。養護学校義務制実施を迎えて、全体的には、重度の障害のある児童生徒の教育の在り方を試行錯誤しながら進めていく時期でありました。一方、この時期には、学校現場において、養護・訓練をめぐり理解が変化してきていたようです。学習指導要領の改訂をめぐる議論の中で、山口は、「精神薄弱教育における養護・訓練については、その後、現場での研究もすすみ、発達の遅れに対応する『生活』科に対し、発達の偏りに対応するのが『養護・訓練』なのだという考え方が、次第に明確になりつつある」と述べています（山口，1979，25頁）。さらに、当時の文部省初中局特殊教育課調査官の宮崎直男は、養護・訓練の実践の経緯を述べつつ次のようにまとめています（宮崎，1981，17頁）。

「・・・精神薄弱教育における養護・訓練は以下のようにまとめることができよう。

・養護・訓練は、各教科、道徳、特別活動の基礎ではない。

・養護・訓練は、各教科の初歩ではない。

・養護・訓練のみが精神薄弱教育の中核ではない。

・一般の子どもの発達過程において現れるものは、養護・訓練ではない。

・障害が重いために行う総合的な指導は、養護・訓練ではない。

・養護・訓練は、実施しなければならない。実施に当たっては、養護・訓練に
　関する指導に重点をおくことが望ましい。」

　山口、宮崎の述べたことを裏付けるようにして学習指導要領解説書が出版されました。1979（昭和54）年度改訂の学習指導要領についての解説である1983（昭和58年）度版「特殊教育諸学校学習指導要領解説―養護学校（精神薄弱教育）編」において、「養護・訓練」の理解を以下のように明確に説明しています。

　「他の特殊教育諸学校においては、児童のもつ主障害そのものの克服・改善が養護・訓練となるのに対し、精神薄弱養護学校においては、精神発達の遅滞そのものへの対応は養護・訓練の内容にはならず、精神発達の遅滞以外の、発達の偏りへの対応が養護・訓練ということになる。」（文部省，1983，63頁）

　「精神薄弱養護学校の各教科の目標及び内容については、発達段階の低い児童生徒にも適用できるように定めてある。更に、各教科の具体的内容については個々の児童生徒の実態に応じて選択できるので、精神発達の遅れの著しい児童生徒の場合でも、必ずしも『学習が著しく困難』とはならない。したがって、精神発達の遅れの重い児童生徒の場合でも養護・訓練の指導を主とするよりは、各教科の内容を統合した形で含む領域・教科を合わせた指導を大きく取り入れることが望ましい。養護・訓練の指導を主とすることになるのは、精神薄弱に併せ有する障害への対応を優先しなければならない場合に限られるであろう。」（文部省，1983，83頁）。

　ここに、知的障害の重い児童生徒でも学習が著しく困難とはならず、領域・教科を合わせた指導で可能であるという理解が示されました。したがって、知的障害教育における「養護・訓練」の指導は、発達の遅れへの対応ではなく、発達の偏りへの対応である、ということが明確に示されたことになります。

　学習指導要領解説で、1971（昭和46）年の「養護・訓練」新設当時に三木が説明していた、「読み書き算数の学習にはいる前の段階の教育」、中沢和彦の「『養護・訓練』指導を通して教科等の学習活動への参加」というような解釈は一掃されたといっても過言ではないでしょう。

　1989（平成 1）年 10 月に盲学校、聾学校及び養護学校幼稚部教育要領小学部・中学部学習指導要領が改訂されました。「養護・訓練」に関しては発達の遅れへの対応ではなく、発達の偏りへの対応であるということが継承されています。1991（平成 3）年の文部省の学習指導要領解説書では、「養護・訓練」の内容については、日常生活の指導、遊びの指導、生活単元学習、作業学習等の領域・教科を合わせた指導の形態において指導されることが多いこと、教科別、領域別の指導の過程で効果的に指導できること、養護・訓練の時間における指導は、個別的に指導計画を作成し、個人あるいは小集団を対象に進めることが望ましい、とされています（文部省，1991，140 頁）。「養護・訓練」の内容については、日常生活の指導、遊びの指導、生活単元学習、作業学習等の領域・教科を合わせた指導の形態において指導されることが多いと、文部省の解説書で示されているのであるから、当然、知的障害教育においては、「養護・訓練」は領域・教科を合わせた指導の形態において指導されることが多く、このことが、他の特別支援学校との相違を鮮明にしていると言えるでしょう。

　教科の基礎として「養護・訓練」が位置づけられていれば、知的障害教育において「養護・訓練」は領域として独自の取り組みが多くなされる契機になったかもしれません。しかし、発達の偏りへの対応ということが明確に示されたことにより、「養護・訓練」が知的障害教育の正面に据えられることはなくなり、形式上、「養護・訓練」は領域・教科を合わせた指導の形態で行われている、あるいは行ったことになっているという事象を引き起こすことになったのではと思われます。

4　自立活動の導入

　1996（平成 8）年文部大臣より教育課程審議会に「幼稚園、小学校、中学校、高等学校、盲学校、聾学校及び養護学校の教育課程の基準の改善について」の諮問がありました。それを受け、「特殊教育の改善・充実に関する調査研究協力者会議」が設置され、「特殊教育の改善・充実について」第一次、第二次の報告がなされました。1997 年 9 月の第二次の報告において、養護・訓練について、以下のように述べられています（文部省，1997）。

　「養護・訓練は、幼児児童生徒が自らの障害の状態の改善・克服を目指す主体的な活動であるが、養護・訓練という名称から他動的な指導とみられ，実際の指導と異なる印象があるとの指摘がある。・・・一人一人の幼児児童生徒の実態に対応した活動であ

ることや、自立を目指した主体的活動であることを一層明確にする観点から、目標及び内容について検討する必要がある。」

　教育課程審議会は文部大臣に先の諮問に対する答申を行いました。その答申の中で、養護・訓練に関しては、「特殊教育の改善・充実に関する調査研究協力者会議」の報告を受け、「名称については，この領域が一人一人の幼児児童生徒の実態に対応した活動であることや自立を目指した主体的な活動であることなどを一層明確にする観点から，『自立活動』と改める。」とされました。
　教育課程審議会の答申を受け、1998（平成 10）年「盲学校、聾学校及び養護学校小学部・中学部学習指導要領」の改訂では「養護・訓練」が「自立活動」に改められました。その「教育課程の編成の一般方針」における自立活動については以下のように示されています。

　「4　学校における自立活動の指導は、障害に基づく種々の困難を改善・克服し、自立し社会参加する資質を養うため、学校の教育活動全体を通じて適切に行うものとする。特に、自立活動の時間における指導は、各教科、道徳、特別活動及び総合的な学習の時間と密接な関連を保ち、個々の児童又は生徒の障害の状態や発達段階等を的確に把握して、適切な指導計画の下に行うよう配慮しなければならない。」

　「特に、自立活動の時間における指導」は「適切な指導計画の下に行うよう配慮しなければならない。」とされていますが、この「指導計画」とは「個別の指導計画」を指しており、「自立活動の時間における指導」についての「個別の指導計画の作成」はこの学習指導要領の改訂によって義務づけられることになりました。また、「自立活動」の目標は「個々の児童又は生徒が自立を目指し、障害に基づく種々の困難を主体的に改善・克服するために必要な知識、技能、態度及び習慣を養い、もって心身の調和的発達の基盤を培う。」とされました。
　2000（平成 12）年の盲学校、聾学校及び養護学校学習指導要領解説では、「養護・訓練」から「自立活動」に改めた理由を説明しています。

　「今回の改訂では，従前，『養護・訓練に関する指導』と表現していたものを『自立活動の指導』と改めている。これは，学校の教育活動全体を通じて行う『自立活動の指導』と，その一部である『自立活動の時間における指導』との的確な理解を促すためである。
　児童生徒がそれぞれの障害の状態や発達段階等に応じて，主体的に自己の力を可能な限り発揮し，よりよく生きていこうとすること，また，社会，経済，文化の分野の活

動に参加することができるようにする資質を養うことを目指すため，『自立し社会参加する資質を養うため』と表現を改めている。」（142-143 頁）。

　この解説では、「養護・訓練」から「自立活動」に改称された理由があまり明確ではないように思えます。むしろ、「特殊教育の改善・充実に関する調査研究協力者会議」や教育課程審議会における説明の方が、的確のように思われます。

5　近年の学習指導要領の改訂

　近年では、特別支援学校学習指導要領は 2009（平成 21）年に改訂されました。この改訂では、自立活動に関しては、前回改定の内容をほぼ踏襲しています。そして、次期学習指導要領改訂に関しての検討が進められました。2014（平成 26）年 11 月、文部科学大臣より中央教育審議会に「初等中等教育における教育課程の基準等の在り方について」が諮問されました。その諮問内容として「特別支援学校については，小・中・高等学校等に準じた改善を図るとともに，自立と社会参加を一層推進する観点から，自立活動の充実や知的障害のある児童生徒のための各教科の改善などについて，どのように考えるべきか。」が盛り込まれました。2016（平成 28）年 12 月に中央教育審議会より「幼稚園、小学校、中学校、高等学校及び特別支援学校の学習指導要領等の改善及び必要な方策等について」という答申がなされました。その答申では、自立活動について、自己の理解を深め、自己肯定感を高めるとともに、発達の段階を踏まえて自立活動の内容を改善・充実すること、実態把握から目標・内容の設定までの各過程をつなぐ要点を分かりやすく記述すること、自立活動における多様な評価方法について分かりやすく記述することが必要である、等のことが示されました。

　中央教育審議会の答申では、従来の自立活動の継続という範疇での内容のように思われます。しかし、小学校、中学校の学習指導要領の改訂では、自立活動に関する重要な改訂が行われました。つまり、2017（平成 29）年 3 月に告示された小学校、中学校の学習指導要領の総則における「特別な配慮を必要とする児童への指導」において、特別支援学級において実施する特別の教育課程を編成する場合については、「障害による学習上又は生活上の困難を克服し自立を図るため、特別支援学校小学部・中学部学習指導要領第 7 章に示す自立活動を取り入れること。」、また、障害のある児童に対して，通級による指導を行い，特別の教育課程を編成する場合には、「特別支援学校小学部・中学部学習指導要領第 7 章に示す

自立活動の内容を参考とし，具体的な目標や内容を定め，指導を行うものとする。」
とされました。そして、平成 29 年 4 月に「特別支援学校幼稚部教育要領、小学部・
中学部学習指導要領」が告示されました。今回の改訂では，6 つの区分は従前と
同様ですが，発達障害や重複障害を含めた障害のある幼児児童生徒の多様な障害
の種類や状態等に応じた指導を一層充実するという理由で，「1 健康の保持」の
区分に「(4) 障害の特性の理解と生活環境の調整に関すること。」の項目が新た
に設けられました。

　2018（平成 30）年「特別支援学校教育要領・学習指導要領解説自立活動編（幼
稚部・小学部・中学部)」の「第 3 章の 2 の (4) の知的障害者である幼児児童生
徒に対する教育を行う特別支援学校の自立活動」において知的障害教育における
「自立活動」の指導内容が以下のように示されています。

　　「知的障害者である幼児児童生徒に対する教育を行う特別支援学校に在学する幼児児
　　童生徒には，全般的な知的発達の程度や適応行動の状態に比較して，言語，運動，動作，
　　情緒，行動等の特定の分野に，顕著な発達の遅れや特に配慮を必要とする様々な状態
　　が知的障害に随伴して見られる。そのような障害の状態による困難の改善等を図るた
　　めには，自立活動の指導を効果的に行う必要がある。」

　これは、2009（平成 21）年の「特別支援学校学習指導要領解説　自立活動編」
の内容と全く同じ文言です。むしろ、1979（昭和 54）年度改訂の学習指導要領
の解説で示された「精神発達の遅滞以外の、発達の偏りへの対応が養護・訓練と
いうことになる。」という理解が、名称が自立活動と改称されても、「知的障害の
随伴性への対応」として継承されていると言えるでしょう。

　2018 年に、全国特別支援学校長会により、特別支援学校に対して全国調査が
実施されました。知的障害特別支援学校の小学部普通学級に対する自立活動に関
する調査で、知的障害特別支援学校の小学部普通学級において自立活動の「時間
の指導」を特設し、週時程に位置づけている学校は 364 校（62.3%）あり、回答
を得た 584 校の約 6 割で自立活動の「時間の指導」を実施していることになりま
す（全国特別支援学校長会，2019）。2008 年に知的障害特別支援学校 515 校を対
象とした調査を行った山本の研究では、小学部の普通学級の 50.3% が自立活動の
時間の指導をしていることが明らかにされております（山本，2010，13 頁）。10
年間で 10% 増加したことになります。しかし、それでも、他の障害種と比較すると、
「自立活動の時間における指導」への取り組みは低いと言わざるをえないでしょ

う。

　これまで、知的障害教育における自立活動の歩みを見てきました。1971（昭和46）年に「養護・訓練」が導入される時点において、他の障害種の学校と比較して、知的障害教育においては、当初から戸惑いがありました。導入前に学校現場では、養護・訓練的な試みは行われておらず、いざ、導入されても、他の障害の学校においては、児童のもつ主障害そのものの克服・改善が養護・訓練となるのに対し、知的障害教育では明確な指導対象を特定することができませんでした。1975（昭和50）年の文部省の『養護・訓練指導事例集－精神薄弱児教育編－』において、学校の教育活動全体を通じて適切に行うという「養護・訓練に関する指導」という考え方が示されました。これにより、知的障害教育においては、学校の教育活動全体を通じて行う「養護・訓練に関する指導」という理解が進みました。当時の知的障害特別支援学校においては、「養護・訓練」を積極的にあるいは自覚的に実施している実践はあまり見られず、「養護・訓練」は領域・教科を合わせた指導において行われていたか、あるいは行っていることにされていたように思えます。

　1983（昭和58）年度版「特殊教育諸学校学習指導要領解説—養護学校（精神薄弱教育）編」において、「養護・訓練」の理解に関しては、発達の遅れへの対応ではなく、発達の偏りへの対応であるということが示されました。このことは、今日においては、自立活動の指導は知的障害に随伴して見られる障害の状態による困難の改善を図るという説明に継承されています。

　1998（平成10）年「盲学校、聾学校及び養護学校小学部・中学部学習指導要領」の改訂では「養護・訓練」が「自立活動」に改められました。「養護・訓練」の指導は知的障害教育においては、中心的な課題としては受け止められていませんでした。自立活動と改められれば、「養護・訓練」時代とは異なり、知的障害教育において積極的な取り組みが増加するかと期待されました。しかし、必ずしもそのような結果には至りませんでした。平成29年3月改訂の「小学校学習指導要領」で、特別支援学級や通級による指導においても自立活動の指導が取り上げられています。当然、知的障害特別支援学校においても自立活動の指導が求められているものと思われます。それには「自立活動の時間における指導」の充実が課題になると思われます。しかし、知的障害に随伴して見られる障害の状態による困難の改善を目的として「自立活動の時間における指導」を集中的にそして継続的に必要とする知的障害のある児童生徒がどれほど在籍しているのか、検討を要する課題のように思われます。

【引用・参考文献】

杉田裕 (1971) 養護学校小学部・中学部学習指導要領の改訂　精神薄弱問題白書 1971

全国特別支援学校長会 (2019)　令和元年度研究収録

全日本特殊教育研究連盟他編 (1971)　精神薄弱問題白書 1971

中沢和彦 (1972) 養護学校 (精薄) における「養護・訓練」　精神薄弱児研究　2 月号

松崎博文 (2000)「養護・訓練」/「自立活動」の領域論と課題　渡邉健治・清水貞夫編著　障害児教育方法
　　の探求　田研出版

三木安正 (1971a) 教育課程審議会の答申　精神薄弱問題白書 1971

三木安正 (1971b) 養護学校学習指導要領の改訂をめぐって　精神薄弱児研究　4 月号

三木安正 (1972)「養護・訓練」について　精神薄弱児研究　2 月号

宮崎直男 (1981) 養護・訓練の実践の経緯　精神薄弱児研究　2 月号

文部省 (1963) 養護学校小学部学習指導要領　肢体不自由教育編　昭和 37 年度版

文部省 (1971) 特殊教育諸学校小学部・中学部学習指導要領

文部省 (1975)「養護・訓練指導事例集−精神薄弱児教育編−」

文部省 (1979) 盲学校、聾学校及び養護学校小学部・中学部学習指導要領

文部省 (1991) 特殊教育諸学校小学部・中学部学習指導要領解説−養護学校 (精神薄弱教育) 編−

山口薫 (1972)「養護・訓練」に関する資料　精神薄弱児研究　2 月号

山口薫 (1979) 新しい学習指導要領について　精神薄弱児研究　10 月号

山本恵利子 (2010) 知的障害特別支援学校における自立活動の現状と今日的課題に関する研究−自立活動専
　　任教員配置校への調査を通して−弘前大学大学院教育学研究科修士課程　学校教育専攻, 学校教育専修論
　　文

第２節　自立活動の指導の在り方と今後の課題

1　歴史的経過から生じる課題

　2017 年に告示された今回の特別支援学校小学部・中学部学習指導要領においては、「生きる力」を子どもたちに育むために「何のために学ぶのか」という各教科等を学ぶ意義が重要とされ、その全ての教科等を、①知識及び技能、②思考力、判断力、表現力等、③学びに向かう力、人間性等の三つの柱で再整理し、主体的で対話的な深い学びが位置づけられています。そして自立活動が強調されていることも新学習指導要領の改訂の特徴の一つであり、特別支援学級、通級による指導においても、自立活動の指導の充実が求められています。特別支援学校においても自立活動の指導の一層の充実が求められていることは当然のことです。

　この「一層の充実」が求められている自立活動の歴史的背景について、山本によれば、知的障害の「養護・訓練については、学習指導要領の改訂のたびに様々な改善・充実が図られた」が、「実際には、発達の遅れと偏りの違いをとらえにくい実態があり、教員間の共通理解が十分に得られにくい状態であった」（山本, 2010, 2 頁）と報告され、養護・訓練の指導の課題として、知的障害の発達の遅れと偏りについての理解が十分でないことが分かります。

　現在、「養護・訓練」は自立活動となっていますが、自立活動の指導については、学習指導要領（2017 告示）に各教科と同様に「いずれの学校においても取り扱わなければならない」（第１章第３節３, 64 頁）と明記され、その時間数は、「障害の状態や特性および心身の発達の段階に応じて，適切に定める」（第１章第３節３, 66 頁）ことができるとしながらも、学習指導要領（2017 告示）解説総則等編に自立活動の時間における指導は、「学校における自立活動の指導の要」であり（第２章第２節２（4）, 188 頁）、「自立活動の時間に充てる授業時数を標準として学習指導要領に示さないからといって、自立活動の時間を確保しなくてもよいということではない」（第２章第３節（2）⑤, 227 頁）と明記されています。

国立特別支援教育総合研究所の調査によれば、特別支援学校における「自立活動の時間における指導」について報告されており（表1）、全障害種を合わせると、6割を超える学校で、時間における指導が設定されていることが分かります。しかし、自立活動の時間における指導を「特に設置していない」学校は、障害種別で見ると、視覚4％、聴覚1％、知的25％、肢体不自由2％、病弱2％で、知的障害が最も高いことが分かります（表2）。

表1　自立活動の時間における指導の設定
（複数回答）　N=842

	回答数	割合（％）
設定している	558	66
特に設定していない	112	13
学部によって異なる	150	18
部門によって異なる	73	9
その他	96	11

表2　特に設定していない
障害種別割合

	特に設定していない
視覚障害	4%
聴覚障害	1%
知的障害	25%
肢体不自由	2%
病弱	2%

　では、なぜ知的障害特別支援学校において、自立活動の時間における指導を設定していない割合が多いのでしょうか。この調査においては、自立活動の時間における指導を「特に設定していない」理由としては、「知的障害では、教育活動全般を通じて取り組んだほうが有効である」という記述があったと報告されています。（国立特別支援教育総合研究所，2003，28-29頁）また、下山は、実際の生活に即した「各教科等を合わせた指導の中で自立活動の指導を行っているので、特設した時間の指導は必要ないという考え方をしている学校が多い」と分析しています（下山，2019，20頁）。さらに山本によれば、知的障害校における自立活動は、「様々な分かりづらさやあいまいさを抱えながら、社会の変化や対象となる児童生徒の多様性に合わせて改善が進められてきている」と報告されています（山本，2010，2-3頁）。

　知的障害教育における自立活動の指導を充実させていくためには、教員にとって、自立活動の指導には、分かりづらさやあいまいさがあり、共通理解が得られにくいことや、理解が十分でない状況を、学校として分析する必要があります。その上で、私たち教員一人一人が、教育課程の改善に取り組み、自立活動の時間における指導を要としながら、各教科等合わせた指導においても、各教科等との関連を図りながら、学校教育全体で自立活動の指導に取り組んでいくために、教員一人一人の自立活動の理解を深めていく組織的な専門性の向上が課題です。

2　自立活動の個別の指導計画の作成について

　知的障害のある児童生徒の自立活動の指導は、個別の指導計画に基づいて、学習上の特性を踏まえながら指導を進める必要があります。特に、自立活動の時間における指導では、学習指導要領（2017 告示）解説各教科等編に「個々の児童生徒の知的障害の状態を十分に考慮し、個人あるいは小集団で指導を行うなど、指導目標及び指導内容に即して効果的な指導を進めるようにすることが大切である。」とされています（第 4 章 3 の (2) エ，30 頁）。

　今井、生川によれば、自立活動の個別の指導計画においては、「他の領域や各教科、合わせた指導と自立活動の目標や指導内容の区別が難しいという意見があげられていた。」（今井・生川，2014，76 頁）と報告されていますが、山本においても、「発達の遅れと偏りの違いを捉えにくいという実態があり、教員間での共通理解が十分に得られにくい状態であった。」（山本，2010，2 頁）と報告されています。

　自立活動の指導については、学習指導要領（2017 告示）解説総則編に「自立活動の時間における個別の指導計画が明確にならなければ自立活動の指導を具体化することは難しい。」（第 2 章第 2 節，189 頁）、「自立活動の個別の指導計画を作成する上で，最も重要な点が，実態把握から指導目標のねらいを設定するまでのプロセスにある。」（第 3 章第 3 節，141 頁）と示されており、児童生徒の実態を的確に把握した上で、効果的な指導目標が作成されなくてはなりません。

　その手立てとして、いわゆる「社会モデル」の考え方を踏まえた障害の捉え方をすること、つまり ICF の考え方を自立活動に取り入れることが学習指導要領において推奨されていますが、ではなぜ、ICF の考え方が必要なのでしょうか。ICF の考え方を踏まえると、なぜ個別の指導計画の「学習上または生活上の困難」が「主体的に改善・克服」できるように計画することができるのでしょうか。

　その理由は、学習指導要領（2017 告示）解説自立活動編に明確に示されています。「つまり，障害者が日常・社会生活で受ける制限は，心身の機能障害のみならず，社会における様々な障壁と相対することによって生ずるものという考え方，すなわち，いわゆる『社会モデル』の考え方を踏まえた障害の捉え方」は、実は自立活動においても必要な観点で、「自立活動の内容は，人間としての基本的な行動を遂行するために必要な要素と，障害による学習上または生活上の困難を改善・克服するために必要な要素を含むものだからである。」と示されています。（第 2 章 2 (2)，14 頁）

特別支援教育は、「治る」「治らない」に関係なく、児童が困っていることを改善・克服することであると第1章でも述べている通り、教育機関は、医療機関とは異なり、機能障害を治すことが目的ではありません。医療的なアプローチや心理的なアプローチなど、それらの良いところは取り入れつつも、あくまでも教育者として、子どもたちの生活全体の中で、できないことが、どのようにしたらできるようになるのかを、見極めていくことが、自立活動の大切な要素です。

　早川によれば、「障害による学習上または生活上の困難は発達の過程で生ずる、あるいは顕在化するものであり、ICF相互作用モデルでは、生活機能の三つのレベルが、環境因子・個人因子・健康状態と相互作用しながら好循環に高まらずに、負の循環が生じ、その結果として顕在化するものであると考える」としています。さらに指導項目を作成する際には、子どもたち「一人一人が発達の道のりを歩む姿を想定して、ICFモデルの負の循環を好循環に変えていくイメージを持つことが必要と考える。」と示しています（早川, 2019, 154頁）。

　教師一人一人にとっては、障害の捉え方を負のイメージのある「障害自体」から「社会モデル」への変換が必要で、「心身機能・身体機能」「活動」「参加」といった環境因子と健康状態の関わりを踏まえ、個々の児童生徒の実態を的確に把握して指導すべき課題を明確にした個別の指導計画を作成することが、最大の課題です。それにより、「発達の遅れなのか偏りなのか」よりもまずは、発達期の子どもたちの「『今できない・しない状態』を捉えて、『できる・する』ように環境調整することが、この先『できる・するようになる』という機会を育む」ことにつながっていきます（早川, 2019, 151頁）。

3　他の障害と知的障害教育の独自性（生単重視）からの問題

　今回の学習指導要領（2017告示）の改訂においては、児童生徒の知・徳・体のバランスの取れた「生きる力」を育むことを目指すにあたっては、各教科等の指導を通してどのような資質・能力の育成を目指すのかを明確にしながら教育活動の充実を図ることが求められています。児童生徒に育成を目指す三つの柱である、①知識・技能、②思考力、表現力、判断力、③学びに向かう力、人間性の涵養については「何を理解しているのか、何ができるのか」「理解していることやできることをどう使うのか」「どのように社会と関わり、よりよい人生を送るのか」という各教科等の指導の重要性が具体的にあげられています。

　これらを実現するために、知的障害者である児童に対する教育を行う特別支

学校の小学部においては、生活、国語、算数、音楽、図画工作及び体育の各教科、道徳科、特別活動並びに自立活動については、特に示す場合を除き、全ての児童に履修させるものとする、とあります。ここでいう「特に示す場合」とは、重複障害者に関する場合のことであり、「重複障害者である児童生徒は，自立活動を主とした教育課程で学ぶことを前提とするなど，最初から既存の教育課程の枠組みに児童生徒を当てはめて考えることは避けなければならない。」と学習指導要領（2017告示）解説総則編に明記されています（第２章第８節，331頁）。

　同様に自立活動の指導においても、最初から「各教科等を合わせた指導ありき」になってはいないでしょうか。学校教育法施行規則第130条第２項では、知的障害及び重複障害のある児童生徒に対して指導する際に、各教科、道徳科、外国語活動、特別活動及び自立活動の全部又は一部を合わせて授業を行うことができると規定されています。このことから、知的障害のある児童生徒への自立活動は、各教科等を合わせて指導する中で行うことができるようになっています。しかし、このことについては、特別支援学校学習指導要領（2017告示）解説総則編において「各教科等と自立活動を一部又は全部について合わせて指導を行うことによって，一層効果の上がる授業を行う場合には，自立活動の指導目標を設定した上で指導を行うことはあり得る。」（第２章第２節（4），188頁）とあり、自立活動の指導目標を設定した上で行うことができることが明記されていますが、これは、一層効果の上がるという児童生徒の実態がある「特別な場合」であり、最初から各教科等と自立活動を合わせて指導をするという前提の教育課程の枠組みに当てはめてよいものではないことは明らかです。

　実際の現場について、今井・生川は、知的障害特別支援学校における教員の自立活動に関する意識調査をする中で、知的障害特別支援学校においては、「自立活動を他の領域や教科と分けて考えることはできない」「教科や課題学習の中で関連付けて行っている」と「時間における指導」ではなく学校教育全体で行われている状況とともに、その内容として「学校の教育活動全体の中で行っているが、教員が自立活動として意識して指導していない」「学校生活全体の中で何が自立活動の内容なのかを理解し、意識して指導することは難しい」と指摘しています（今井・生川，2012，79頁）。

　知的障害特別支援学校において、児童生徒の知・徳・体のバランスの取れた「生きる力」を育むことを目指すに当たっては、教育課程上の「できること」を踏まえて、各教科等と自立活動の指導との在り方について検討し、一人一人の児童生徒にとっての成果が上がるように教育課程を改善することが課題です。

　教科と自立活動の関係について三木は、1972（昭和47）年に教科等の教育の基礎に「養護・訓練」があることを説いています（三木，1972）。つまり、知的障害教育において、衣服や靴の着脱とか排泄や食事の自立などの指導が、「学習以前の教育」としてある現実を捉え、「養護・訓練」指導は、教科等の学習活動への参加をより円滑にする重要な役割をもっているという考え方です。しかし、1979（昭和54）年に改訂された学習指導要領には、それら「学習以前の教育」については、生活科で行い、「発達の偏り」を養護・訓練で行うという考え方が明記されました。これにより、知的障害のある児童生徒が抱える知的発達の遅れに対しては、この自立活動の指導の範囲ではないことが、明確となりました。また、1983（昭和58）年学習集指導要領解説では「他の特殊教育諸学校においては、児童のもつ主障害そのものの克服・改善が養護・訓練となるのに対し、精神薄弱養護学校においては、精神発達の遅滞そのものへの対応は養護・訓練の内容にはならず、精神発達の遅滞以外の、発達の偏りへの対応が養護・訓練ということになる。」とされ、知的障害と、知的以外の障害種におけるその指導内容の違いについて述べられています（文部省，1983，63頁）。学習指導要領（2017告示）解説自立活動編においても、知的障害においては、「全般的な知的発達の程度や適応行動の状態に比較して、言語、運動、動作、情緒、行動等の特定の分野に、顕著な発達の遅れや特に配慮を必要とする様々な状態が知的障害に随伴して見られる」状態とし、「知的障害に随伴して見られる種々の困難」の改善・克服を図るために、効果的な自立活動の指導が必要と示しています（第3章2（4），41頁）。

　今回学習指導要領（2017告示）において例示されている「随伴してみられる困難さ」への対応として、「発音がはっきりしない児童」に対しては、小学部の国語1段階の教師の話や読み聞かせにおける音声模倣を活用し、自立活動のコミュニケーションの区分における「言語の受容と表出に関すること」を選択する事例をあげて説明しています。

　しかし、この教科指導の事例に関しては、「教科別の指導においては，教科の目標を達成するための時間であるため，自立活動としての指導目標を設定して指導を行うというより，自立活動の時間における指導を参考にして配慮や手立てを行うことが考えられる。」と学習指導要領（2017告示）解説総則編に示され（第2章第2節2（4），188頁）、自立活動の時間における指導と各教科等における指導が密接な関連をもつことが求められており、教科指導の目的が優先され、配

慮事項として、自立活動の指導内容を行うということになります。

　学校現場において、知的障害に随伴してみられる様々な困難に対しては、今井・生川の報告のように「学校教育全体で行われている」とされながらも、児童生徒の個々の障害による学習上又は生活上の困難を改善・克服するための指導として、十分ではない状況が報告されています（今井・生川，2014，79頁）。しかし、例えば「発音がはっきりしない児童」の「言語の受容と表出に関する事項」を国語の教科で取り組む場合、「小学部国語１段階〔思考力、判断力、表現力等〕ア　教師の読み聞かせに応じ、音声を模倣したり、表情や身振り、簡単な話し言葉などで表現すること。」を選択することで、国語の教科指導において「発音がはっきりしない児童」の「言語の受容と表出に関する事項」を優先して取り扱うことが可能となります。このことが三木が言うように国語の教科の基礎・基本を育成していることにつながると考えることができますが、自立活動の指導は、早川が指摘しているように「一人一人が発達の道のりを歩む姿を想定して」（早川，2019，154頁）指導することが重要であり、一つの教科の中で収まることではないと言えます。

　知的障害教育における自立活動の指導は、「学習上または生活上」の児童生徒の日々の姿から始まります。生きる力を育む学校の教育活動において、各教科及び領域と自立活動の指導が密接に関連し、それぞれの範囲に線引きするのではなく、深く関連し合った中で、成長期にある児童生徒の様々に変化する実態を捉えることが大切です。課題は、教師一人一人の障害の捉え方にあります。それらの障害による種々の困難を見極めながら環境を構成したり整えたりすることで、「指導すればできること」や「環境を整えればできること」などに一層目を向けて、児童生徒の自立と社会参加を想定して個別の指導計画を作成することが重要です。

5　まとめとして

　今回の学習指導要領（2017告示）の改訂において、初めて「前文」が記され、その中で「豊かな人生を切り拓き，持続可能な社会の創り手となることができるようにすること」が求められ、「社会に開かれた教育課程の実現」が重要とされました。

　私たちは、長年にわたり積み重ねられてきた教育実践や学術研究の蓄積を生かしながら、学校の教育活動における日々の学びが、社会において有用な力となる

ように、教育課程を改善し、一人一人の児童生徒の学習活動を改善していかなければなりません。

　今回、そのための自立活動の指導の課題として、

　①教師一人一人の自立活動の理解を深めていく組織的な専門性の向上

　②指導すべき課題を明確にした個別の指導計画を作成

　③教育課程の改善

　④障害の捉え方の改善

の4点をあげました。

　「何を理解しているのか、何ができるか」「理解していること・できることをどう使うか」「どのように社会・世界と関わり、よりよい人生を送るか」という育成を目指す資質能力の三つの柱を明確化し具体化するために、自立活動の指導の在り方を、学校として検討し適切に位置づけることが必要です。

　まずは学校組織としてどのように、何に取り組むのか。さらに、それを具体化し実現していく一人一人の教員の専門性、つまりは障害の捉え方の改善へ、学校の特色を生かしたカリキュラム・マネジメントを行うことが重要です。

【引用・参考文献】

今井善之・生川善雄（2014）知的障害特別支援学校における自立活動の現状と教員の課題意識（Ⅱ）　千葉大学教育学部研究紀要第62巻

下山直人（2019）知的障害特別支援学校の自立活動の指導　全国特別支援学校知的障害教育校長会　ジアース教育新社

独立行政法人国立特別支援教育総合研究所（2003）平成14年度プロジェクト研究「盲・聾・養護学校における新学習指導要領のもとでの教育活動に関する実際的研究−自立活動を中心に−」報告書　全国盲・聾・養護学校における自立活動の指導に関する実態調査　平成15年3月

早川透（2019）知的障害特別支援学校における自立活動を問う−「障害による学習上または生活上の困難の主体的改善・克服」をイメージする−　教職キャリア高度化センター教育実践研究紀要　第1号

三木安正（1972）「養護・訓練」について　精神薄弱児研究　161号

文部省（1979）盲学校、聾学校及び養護学校小学部・中学部学習指導要領

文部省（1983）特殊教育諸学校学習指導要領解説−養護学校（精神薄弱教育）編

文部科学省（2017）特別支援学校　教育要領・学習指導要領

文部科学省（2018）特別支援学校　教育要領・学習指導要領解説　総則編

文部科学省（2018）特別支援学校　教育要領・学習指導要領解説　各教科等編

文部科学省（2017）特別支援学校　教育要領・学習指導要領解説　自立活動編

山本恵利子（2010）知的障害特別支援学校における自立活動の現状と今日的課題に関する研究−自立活動専任教員配置校への調査を通して−弘前大学大学院教育学研究科修士課程　学校教育専攻　学校教育専修論文

あとがき

　平成29年4月特別支援学校小学部・中学部学習指導要領が告示されました。この改訂の基本的な考え方としては、以下の3点が示されました。

　○ 社会に開かれた教育課程の実現、育成を目指す資質・能力、主体的・対話
　　的で深い学びの視点を踏まえた指導改善、各学校におけるカリキュラム・マ
　　ネジメントの確立など、初等中等教育全体の改善・充実の方向性を重視。
　○ 障害のある子供たちの学びの場の柔軟な選択を踏まえ、幼稚園、小・中・
　　高等学校の教育課程との連続性を重視。
　○ 障害の重度・重複化、多様化への対応と卒業後の自立と社会参加に向けた
　　充実。

　この3点を見ると、まさに、インクルーシブ教育システムの構築に向けた改訂ということができると思います。特別支援学校と幼稚園、小・中・高等学校との連続性を重視することが示されています。また、キャリア教育や生涯学習に向けたスポーツや芸術への取り組みも重視することが示されています。そして、障害の重度・重複化、多様化への対応として、発達障害を含む多様な障害に応じた指導を充実するため、自立活動の内容として、「障害の特性の理解と生活環境の調整に関すること」などが規定されました。

　そもそも自立活動の指導においては、教科等の指導とは違い示された指導内容のすべてを取り扱うものではなく、一人一人の児童生徒の障害の状況や実態に応じた必要な内容を指導することとなっていました。これらをもとに個別の指導計画を作成し、具体的な指導内容の設定や評価を実施することになっていました。今回の改定では、個別の指導計画の作成について実態把握から指導目標や具体的な指導内容の設定までの手続きの中に、「指導すべき課題」を明確にすることが加えられました。本書の事例においても指導すべき課題の整理として示しました。今回掲載した事例は、学部や学年、障害の状態などを考慮し、様々な事例としましたが、すべてを網羅できているわけではありません。これらの事例の中から参考となる事例を選択しつつ、自立活動指導の実践に役立てていただきたいと考えます。

岩井 雄一（全国特別支援教育推進連盟副理事長）

監修・編集・執筆者一覧

監修

渡邉健治　　（東京学芸大学名誉教授）

岩井雄一　　（全国特別支援教育推進連盟副理事長）

編集

中西　郁　　（十文字学園女子大学教授）

丹羽　登　　（関西学院大学教授）

大井　靖　　（竹早教員保育士養成所学生部長）

蓮香美園　　（東京学芸大学附属特別支援学校教諭）

日高浩一　　（東京都立足立特別支援学校主幹教諭）

第1章

第1節　丹羽　登　　（関西学院大学教授）

第2節　岩井雄一　　（全国特別支援教育推進連盟副理事長）

第3節　渡邉健治　　（東京学芸大学名誉教授）

第2章　　日高浩一　　（東京都立足立特別支援学校主幹教諭）

第6章　　中西　郁　　（十文字学園女子大学教授）

第7章

第1節　渡邉健治　　（東京学芸大学名誉教授）

第2節　大井　靖　　（竹早教員保育士養成所学生部長）

第3章、第4章、第5章

上地ひかり　　（東京都立鹿本学園）

尾形俊亮　　（東京都調布市立石原小学校）

小田達夫　　（東京都立久我山青光学園）

加嶋みずほ　　（東京都立高島特別支援学校）

須田悦子　　（福島県福島市立鎌田小学校）

高木佑樹　　（埼玉県立深谷はばたき特別支援学校）

富村和哉　　（福島県立相馬支援学校）

蓮香美園　　（東京学芸大学附属特別支援学校）

稗田知子　　（東京都立武蔵台学園）

日高浩一　　（東京都立足立特別支援学校）

山本和彦　　（東京都立青峰学園）

（所属・役職は令和3年2月現在）

知的障害教育を拓く自立活動の指導

－ 12 の事例から学ぶ「個別の指導計画」の作成と指導の展開－

令和3年4月20日　初版第1刷発行

■監　　修　　渡邉 健治・岩井 雄一
■編　　集　　中西 郁・丹羽 登・大井 靖・蓮香 美園・日高 浩一
■発 行 人　　加藤 勝博
■発 行 所　　株式会社 ジアース教育新社
　　　　　　　〒101-0054　東京都千代田区神田錦町 1-23　宗保第 2 ビル
　　　　　　　TEL：03-5282-7183　FAX：03-5282-7892
　　　　　　　E-mail：info@kyoikushinsha.co.jp
　　　　　　　URL：https://www.kyoikushinsha.co.jp/

■表紙・本文デザイン・DTP　　土屋図形 株式会社
■印刷・製本　　三美印刷 株式会社
Printed in Japan
ISBN978-4-86371-579-0
定価はカバーに表示してあります。
乱丁・落丁はお取り替えいたします。（禁無断転載）